Theo von Taane

AF166448

Happy
Wünsch Dir was!

Verbessere dein Leben!

Mit weit über 100 vorformulierten
Zielen für jede Lebenslage zum
einfachen Ankreuzen.

Für:

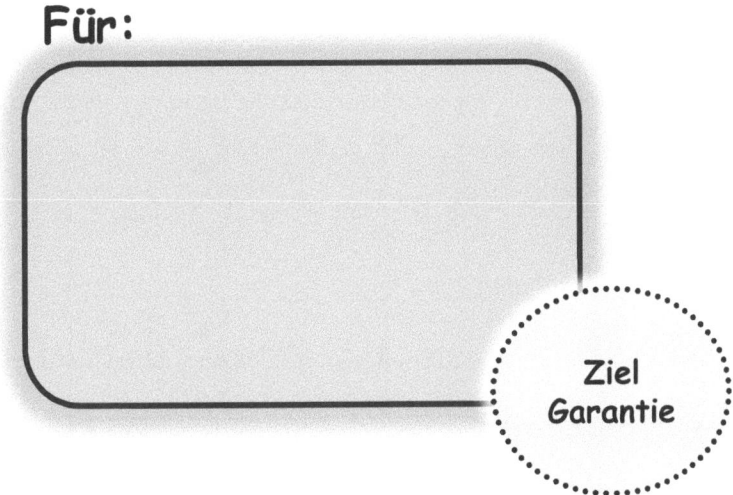

Ziel
Garantie

Bibliografische Information der Deutschen Nationalbibliothek:
Die Deutsche Nationalbibliothek verzeichnet diese Publikation in der
Deutschen Nationalbibliografie; detaillierte bibliografische Daten sind
im Internet über http://dnb.dnb.de abrufbar.

© Happy - Wünsch Dir was Theo von Taane; 1. Auflage

Texte : **Theo von Taane**

Herstellung und Verlag: BoD – Books on Demand, Norderstedt

ISBN: 9783734728570

Inhaltsverzeichnis Seite

Einführung

Ziele haben wir alle im Leben, aber oft ist es die fehlende Ausformulierung, um ein wirklich klar verfolgbares Ziel zu haben. Ein nebulöses Ziel, wie z.B. ‚ich möchte mal Millionär sein', ist sicher ein schönes Fernziel, aber viel zu unscharf um es tatsächlich zu erreichen. Was wir brauchen, ist ein Plan, um das Ziel zu erreichen, also das Wie aber auch das Wann. Dieses Buch soll dir ein erstes Handwerkszeug dazu geben, deine Ziele erreichen zu können und zwar auf realistischer Basis. Im Folgenden wird daher kurz aufgeführt, was wichtig ist beim Setzen und dem Erreichen von Zielen.

Setze dir erreichbare Ziele!
Realistische Ziele sind Ziele, welche wir auch erreichen können, dies betrifft in der Regel Ziele, die in einem Zeithorizont von ein paar Wochen bis Monaten realisiert werden können.
Wirklich große, langfristig angelegte Ziele solltest du daher am besten in kleinere erreichbare Teilziele aufsplitten. So ist z.B. das Ziel ein Haus zu kaufen, sicher keins, was man innerhalb kurzer Zeit von der Liste streichen kann, vielmehr ein langwieriger Prozess. Ein erreichbares Teilziel wäre in diesem Fall z.B. das Sparen einer bestimmten monatlichen Summe über einen definierten Zeitraum.
Setze den Zeithorizont zur Realisierung deiner Ziele nicht zu knapp. Schätze realistisch anhand deiner Stärken und Schwächen, ein wie lange du voraussichtlich brauchen wirst, und baue kleine Pausen zwischen den Zielen ein!

Nicht alle Ziele auf einmal verfolgen!
Oft passiert es, dass man sich gerade am Anfang zu viele Ziele setzt. Das zeigt zwar ein hohes Grad an Begeisterung, doch lässt sich dies in der Regel nicht einhalten. Warum? Leider neigen wir dazu bereits bei einem nicht eingehaltenen Ziel, die anderen ebenfalls aus den Augen zu verlieren. Auf den Alltag übertragen, bedeutet dies, dass du bei einer zu großen Anzahl gesetzter Ziele dazu tendierst, bei partiellen Vernachlässigen alle gesetzten Ziele aufzugeben.
Priorisiere deine Ziele und bringe sie in eine zeitliche Reihenfolge, d.h. dein wichtigstes Ziel gehst du sofort an. Erst nachdem du dieses Ziel erreicht hast, kümmerst du dich um das nächstwichtigste Ziel aus deiner Liste u.s.w.. Diese Schritt-für Schritt Vorgehensweise wird dich motivieren und dir die Bestätigung und Kraft geben, dich dann auch tatsächlich mit dem nächsten Ziel zu befassen.

Happy
Wünsch Dir was!

Was ist bei der Zielerreichung wichtig?

Versuche, Gleichgesinnte zu finden, die ein ähnliches oder das gleiche Ziel verfolgen wie du. Tausche dich in deiner community dann regelmäßig über Status, Probleme und Erfolge bei der Zielrealisierung aus. Weshalb ist dies ratsam? Es fällt einem auf diesem Wege viel schwerer ein Ziel so einfach mal sang- und klanglos fallen zu lassen.
Darüber hinaus kann es sehr produktiv sein, Probleme in der Gruppe zu diskutieren, da man so Lösungshinweise erlangen kann. Zudem erfährt man bei Erzielung von Fortschritten die Bestätigung der anderen was sich motivierend auswirkt. Eine Möglichkeit andere an deinen Zielen teilhaben zu lassen, ist z.B. die Einrichtung eines Blogs in dem Entwicklungsschritte gepostet werden.

Ziel unterstützende Gewohnheiten entwickeln

Weiterhin ist es wichtig, dass du die Tätigkeiten, welche du zur Erreichung deiner Ziele durchführst, zu deiner Gewohnheit werden. Wenn dein Ziel z.B. Gewichtsreduktion heißt, dann wird es dir nach einem Monat einfacher fallen, das Ziel und die Diät einzuhalten, wenn du dir mindestens über diesen Zeitraum eine oder mehrere unterstützende Verhaltensroutinen (z.B. Essen zu bestimmten Zeiten, in bestimmten Mengen, mit bestimmter Nahrung etc.) hierfür angewöhnt hast.

Buchaufbau

Auf den folgenden Seiten sind jeweils auf der linken Seite Beispielziele zu bestimmten Themenclustern aufgeführt, die du falls sie bei dir passen, durch einfaches Ankreuzen auswählen kannst. Jeweils auf der rechten Seite hast du die Möglichkeit, selbst Ziele zu formulieren oder die angekreuzten Ziele von der linken Seite eventuell weiter zu detaillieren oder modifizieren (z.B. Startzeitpunkt der Maßnahme, Thementiefe, Definition der Zielerreichung, Kontrollzyklus etc.).
Es wird empfohlen dass du die Einhaltung deiner Ziele regelmäßig kontrollierst und den Fortschritt im Buch dokumentierst.

Nun genug der Theorie, ab sofort heißt es Ziele definieren zum Verbessern deines Lebens. Und denke dabei bitte auch an deine Mitmenschen!

Viel Erfolg !

1. Partnerschaft

○ Aufhören mit der passiven Suche nach dem Traumpartner fürs Leben (Beispielziel: Ich nehme mir vor, noch in dieser Woche mein Profil auf einem Onlinedating Portal zu posten)

○ Aufhören, nur davon zu träumen, mit dem Partner oder der Partnerin eine Familie zu gründen (Beispielziel: Ich nehme mir fest vor, am Wochenende mit dem Partner/der Partnerin darüber zu reden)

○ Aufhören nur von der Hochzeit zu träumen (Beispielziel: Ich nehme mir vor, dies bei der nächsten romantischen Gelegenheit anzusprechen)

○ Aufhören, nur die eigenen Bedürfnisse zu sehen (Beispielziel: Ich nehme mir vor, jeden Tag mir mindestens eine halbe Stunde Zeit zu nehmen mit dem /der Partners/in über dessen/deren Alltagsthemen und Geschehnisse zu reden oder zuzuhören)

○ Aufhören, nur bei gegebenen Anlass kleine Freuden oder Überraschungen zu bereiten (Beispielziel: Ich nehme mir vor, ab sofort der Partnerin/dem Partner ohne ersichtlichen Anlass in regelmäßigen Abständen ein kleines Geschenk zu machen)

○ Aufhören, nur bei Nachfrage seine Zuneigung zu zeigen (Beispielziel: Ich nehme mir vor, dem Partner /der Partnerin regelmäßig zu sagen wie sehr ich ihn/sie liebe/mag und wie wichtig sie/er für mich ist)

○ Aufhören mit der eigenen Unsicherheit oder heimlichen Schwärmerei (Beispielziel: Ich nehme mir vor, in den nächsten zwei Wochen endlich dem/der Auserwählten meine Liebe zu gestehen)

○ Aufhören zu erwarten, dass nur die/der andere sich um die Beziehung bemühen muss (Beispielziel: Ich nehme mir vor, meine Liebe/Zuneigung zu zeigen, indem ich z.B. an Wochenenden immer etwas Liebevolles ausdenke, z.B. mal den Tisch nett zu decken)

Happy
Wünsch Dir was!

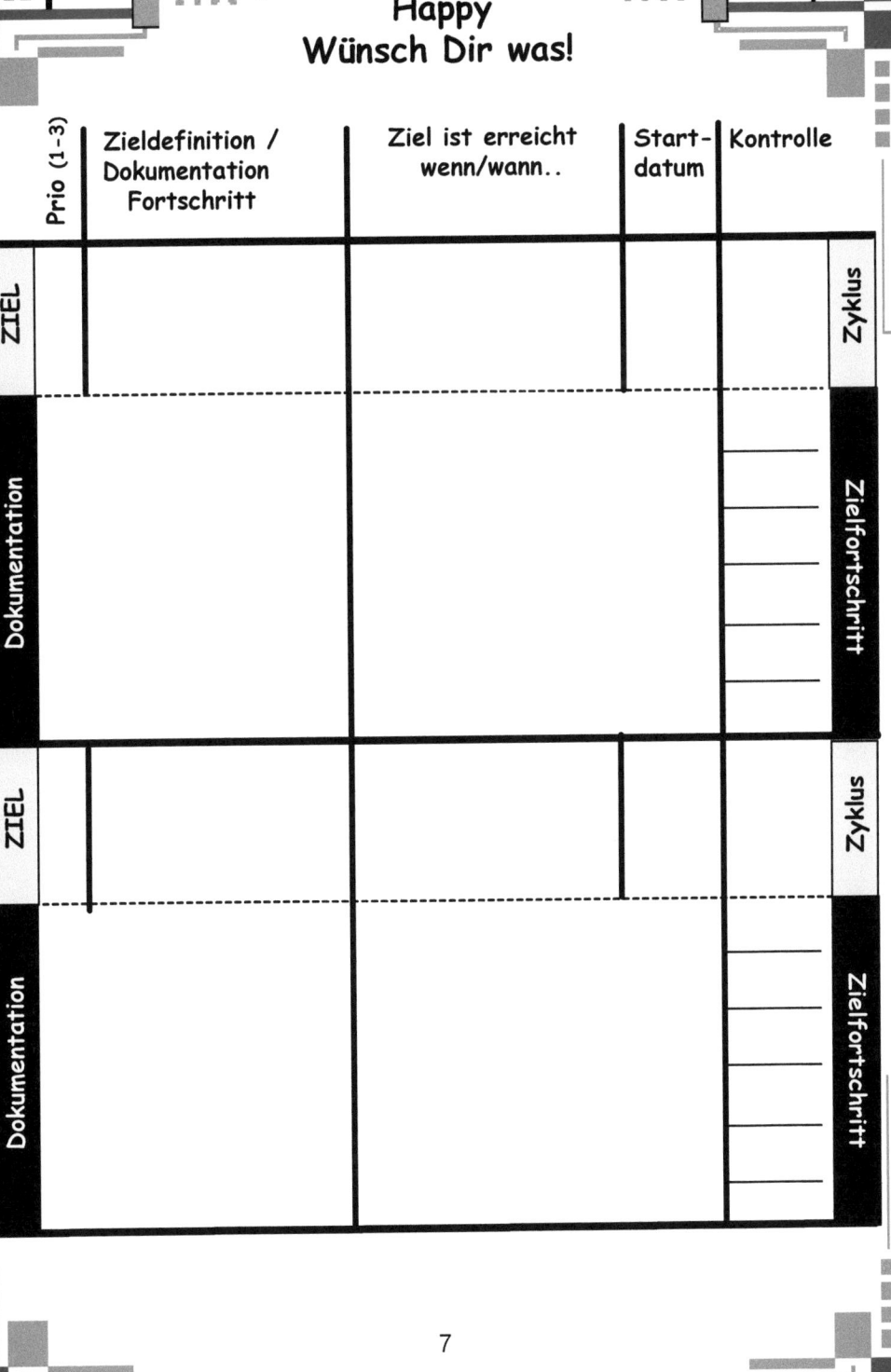

Prio (1-3)	Zieldefinition / Dokumentation Fortschritt	Ziel ist erreicht wenn/wann..	Start-datum	Kontrolle

ZIEL

Zyklus

Dokumentation

Zielfortschritt

ZIEL

Zyklus

Dokumentation

Zielfortschritt

Happy
Wünsch Dir was!

○ Aufhören, sich dem Alltagstrott zu ergeben (Beispielziel: Ich nehme mir vor, zum Durchbrechen der Alltagsroutine 2-4 Events pro Jahr zu planen, z.B. den Partner bzw. die Partnerin mit einem Ausflug ins Grüne zu überraschen oder gemeinsam übers Wochenende wegzufahren)

○ Aufhören, nur Dinge für sich selbst zu tun, von denen man immer auch mitprofitiert (Beispielziel: Ich nehme mir vor, dem Partner bzw. die Partnerin beim Lernen zu unterstützen)

○ Aufhören mit der starren Aufgabentrennung (Beispielziel: Ich nehme mir vor, mindestens zweimal die Woche auch das Geschirr zu spülen oder unterstütze beim Wäschewaschen oder beim Aufräumen)

○ Aufhören, beim Einkaufen nur an die eigenen Bedürfnisse zu denken (Beispielziel: Ich nehme mir vor, bei jedem Einkauf mindestens an ein oder zwei Sachen zu denken, die gerade dem Partner bzw. der Partnerin fehlen oder Freude bereiten können).

○ Aufhören, bei Dingen oder Belangen, die dem Partner oder der Partnerin wichtig sind wegzuhören (Beispielziel: Ich nehme mir vor, mich für Dinge zu interessieren die der Partner bzw. die Partnerin toll findet oder die wichtig für sie/ihn sind)

○ Aufhören nur immer dem gleichen Tagesablauf bzw. Tagesrhythmus zu folgen (Beispielziel: Ich nehme mir vor, mit spontanen, ungeplanten Aktionen (z.B. candle light dinner, Kinobesuch etc. die Routine zu durchbrechen)

○ Aufhören, nicht dem Kuschelbedürfnis des Partners bzw. der Partnerin entgegen zu kommen (Beispielziel: Ich nehme mir vor, dem Nähebedürfnis öfter entgegen zu kommen (auch wenn man sich mal nicht so wohl fühlt))

○ Aufhören, nur auf die eigene Gesundheit zu achten (Beispielziel: Ich nehme mir vor, auch auf die Gesundheit des Partners bzw. der Partnerin zu achten (warm genug angezogen? Nicht zu fettreiches Essen etc.))

Happy
Wünsch Dir was!

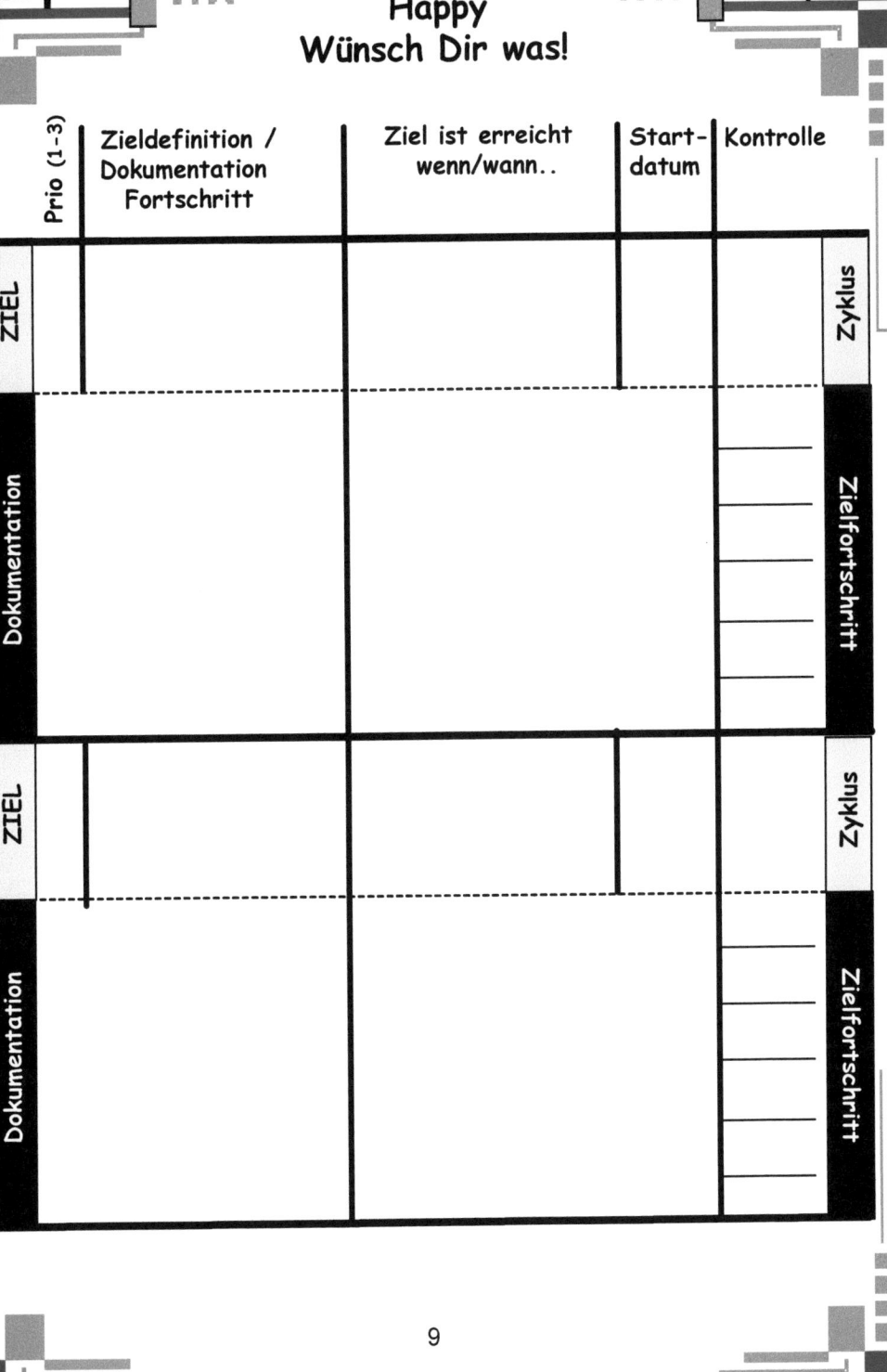

Prio (1-3)	Zieldefinition / Dokumentation Fortschritt	Ziel ist erreicht wenn/wann..	Start-datum	Kontrolle	
ZIEL					Zyklus
Dokumentation					Zielfortschritt
ZIEL					Zyklus
Dokumentation					Zielfortschritt

Happy
Wünsch Dir was!

○ Aufhören, offen zu zeigen dass man das Lieblingsgericht oder im allgemeinen die Interessen des Partners bzw. der Partnerin nicht mag oder teilt (Beispielziel: Ich nehme mir vor, meine Abneigung nicht offen zu zeigen)

○ Aufhören, zu nachtragend zu sein (Beispielziel: Ich nehme mir vor, ab sofort nicht alles immer gleich persönlich zu nehmen und zu versuchen, schneller zu verzeihen)

○ Aufhören schöne Dinge oder Erfolge für sich zu behalten (Beispielziel: Ich nehme mir vor, ab sofort auch die schönen Dinge, Erlebnisse, Erfolge mit dem Partner/Familie/Freunden zu teilen)

○ Aufhören, mit dem sparsamen Umgang mit Komplimenten (Beispielziel: Ich nehme mir vor, nicht nur andauernd rum zu mosern, sondern mindestens dreimal am Tag etwas Aufbauendes bzw. Bestätigendes zu meinen Mitmenschen zu äußern)

○ Aufhören mit der übertriebenen Eitelkeit (Beispielziel: Ich nehme mir vor, mich nicht immer zurechtzumachen, sondern, auch mal ungeschminkt oder mit Schlabbersachen auf die Straße gehe)

Happy
Wünsch Dir was!

Prio (1-3)	Zieldefinition / Dokumentation Fortschritt	Ziel ist erreicht wenn/wann..	Start-datum	Kontrolle	
ZIEL					Zyklus
Dokumentation					Zielfortschritt
ZIEL					Zyklus
Dokumentation					Zielfortschritt

Happy
Wünsch Dir was!

2. Materielle Ziele

○ Aufhören, sich nur ein Haus oder Wohnung zu wünschen (Beispielziel: Ich nehme mir vor, z.B. jeden Monat _____€ hierfür zu sparen, bis ich genug Eigenkapital habe, um von der Bank einen Kredit für die Hypothek gewährt zu bekommen (üblich ca. 30% Eigenkapital vom Kaufpreis der Immobilie))

○ Aufhören, sich mit einer ungenügenden Wohnung zufrieden zu geben (Beispielziel: Ich nehme mir vor, in den kommenden zwei Monaten eine große, freundlichere Wohnung in guter Lage zu finden, mit ausreichend Quadratmetern zum fairen Preis)

○ Aufhören, nur davon zu träumen mal das Traumauto zu besitzen (Beispielziel: Ich nehme mir vor, jeden Monat _____ € für das Traumauto konsequent zurücklegen)

○ Aufhören, sich immer nur zu wünschen das neueste elektronische Gerät zu besitzen (Beispielziel: Ich nehme mir vor jeden Monat ___€ für den Kauf eines neues Gerätes zurückzulegen)

○ Aufhören, nur von der großen Reise zu träumen (Beispielziel: Ich nehme mir vor, das Geld dafür innerhalb von 2 Jahren zusammengespart zu haben)

○ Aufhören, Schulden zu machen (Beispielziel: Ich nehme mir vor, ab sofort nichts mehr auf Kredit zu kaufen)

Happy
Wünsch Dir was!

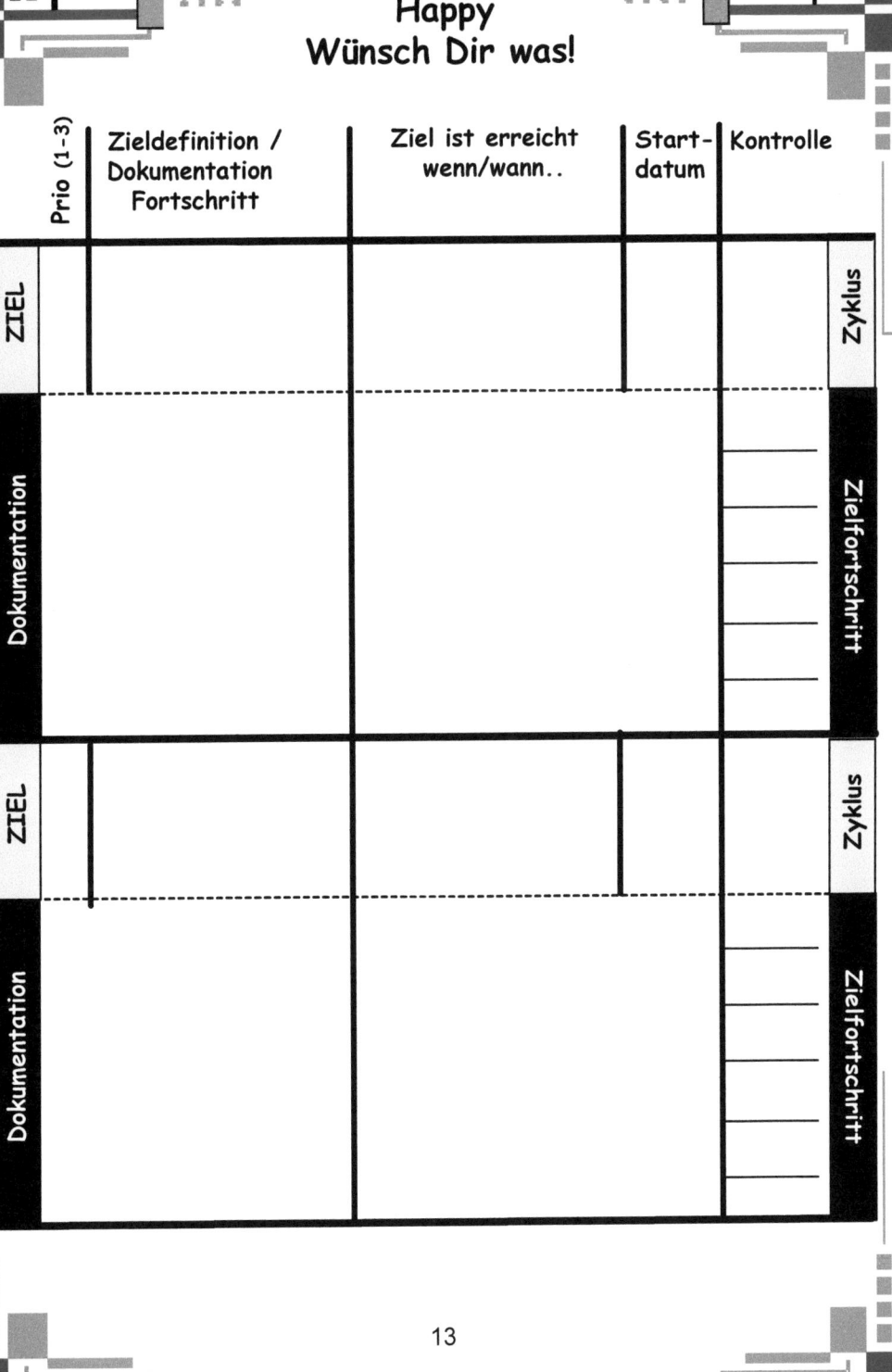

Prio (1-3)	Zieldefinition / Dokumentation Fortschritt	Ziel ist erreicht wenn/wann..	Start-datum	Kontrolle

ZIEL — Zyklus

Dokumentation — Zielfortschritt

ZIEL — Zyklus

Dokumentation — Zielfortschritt

3. Finanzen

○ Aufhören, sich vom aktuellen Job abhängig zu fühlen (Beispielziel: Ich nehme mir vor, für mich passende Möglichkeiten für ein passives Einkommen (z.B. Werbeeinnahmen durch selbst erstelltes Video bei Youtube, oder ebook schreiben etc.) zu finden und in den nächsten 3 Monaten als Start ein erstes Einkommen hieraus zu erhalten)

○ Aufhören, das Geld nicht zu sparen (Beispielziel: Ich nehme mir vor, z.B. eine bestimmte Summe (_____€) bis in ____ Jahren angespart zu haben)

○ Aufhören, das Geld planlos das ganze Jahr auszugeben (Beispielziel: Ich nehme mir vor, sofort einen Ausgabeplan für die kommenden 12 Monate zu erstellen, und den Plan einzuhalten)

○ Aufhören, sich immer durch Kosten für Reparaturen finanziell übernehmen zu müssen (Beispielziel: Ich nehme mir vor, für Reparaturen; eine Rücklage durch eine monatliche Sparmenge von ____€ zu schaffen)

○ Aufhören; vor möglichen Notfällen die Augen zu verschließen (Beispielziel: ich nehme mir vor, eine Lebensversicherung bis Ende des Monats abzuschließen)

○ Aufhören; das Geld ohne Zinsanlage auf dem Konto zu lagern (Beispielziel: Ich nehme mir vor, in den nächsten 5 Tagen zur Bank zu gehen; und das Geld so anzulegen dass ich dafür Zinsen erhalte)

○ Aufhören; sich über das wenige Geld was man hat; zu beklagen (Beispielziel: Ich nehme mir vor, bis spätestens Ende des nächsten Monats einen Job bzw. Nebenjob gefunden zu haben, egal was es ist)

○ Aufhören sich nur über den teuren Internettarif oder Handyvertrag zu ärgern (Beispielziel: Ich nehme mir vor, den Wechsel zu einem günstigeren Vertrag/Tarif noch in diesem Monat anzugehen)

Happy
Wünsch Dir was!

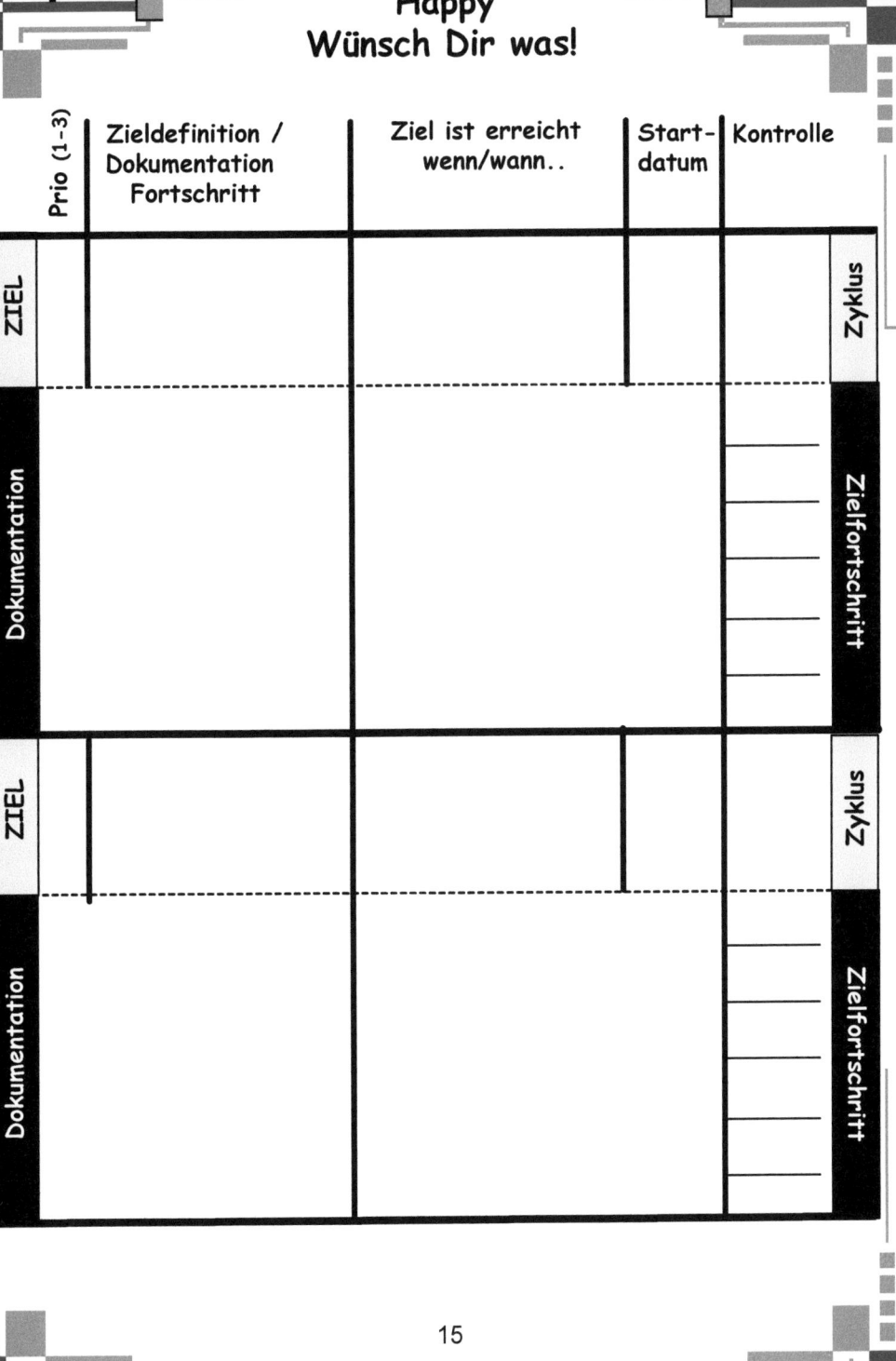

	Prio (1-3)	Zieldefinition / Dokumentation Fortschritt	Ziel ist erreicht wenn/wann..	Start-datum	Kontrolle	
ZIEL						Zyklus
Dokumentation						Zielfortschritt
ZIEL						Zyklus
Dokumentation						Zielfortschritt

Happy
Wünsch Dir was!

○ Aufhören; regelmäßig Geld auszugeben, für Dinge die nicht notwendig sind (Beispielziel: Ich nehme mir vor, meine monatlichen Ausgaben genau zu prüfen und nicht Benötigtes sofort zu kündigen)

○ Aufhören; so viel Geld für den Kauf von Heizöl auszugeben (Beispielziel: Ich nehme mir vor; ,Möglichkeiten zur effektiveren Dämmung des Hauses zu prüfen und in spätestens drei Monaten eine Entscheidung hierfür getroffen zu haben)

○ Aufhören; die teure Miete zu akzeptieren bzw. hinzunehmen (Beispielziel: Ich nehme mir vor, die Mietpreise in meiner Wunschwohngegend zu vergleichen, potentiell interessante Wohnungen angeschaut und in spätestens zwei Monaten eine Entscheidung zum Umzug getroffen zu haben)

○ Aufhören; nur das Besitzen eines Autos als Mobilitätsgarantie zu betrachten (Beispielziel: Ich nehme mir vor, in den kommenden zwei Wochen zu prüfen ob nicht auch ein günstiges Car-sharing als Alternative fürs eigenes Auto in Betracht kommt)

○ Aufhören, Dinge immer neu zu kaufen (Beispielziel: Ich nehme mir vor, vor dem Kauf eines neuen Gerätes, mich zu informieren, ob es nicht auch eine gutes Gebrauchtangebot hierfür gibt)

○ Aufhören, sich mit dem aktuell teuren Anbieter (z.B. Strom) zufrieden zu geben (Beispielziel: Ich nehme mir vor, in den nächsten 4 Wochen Anbieter des Services zu vergleichen, und zu den jeweils Billigeren zu wechseln)

○ Aufhören, Geld an Leute zu verleihen, von denen klar ist, dass ich es zu spät oder gar nicht wieder bekomme (Beispielziel: Ich nehme mir vor, ab sofort überhaupt kein Geld mehr zu verleihen)

○ Aufhören, Limonadenflaschen mit Rest einfach wegzuschmeißen und nicht zu Ende zu trinken. (Beispielziel: Ich nehme mir vor, Limonadenflaschen immer komplett leer zu trinken)

Happy
Wünsch Dir was!

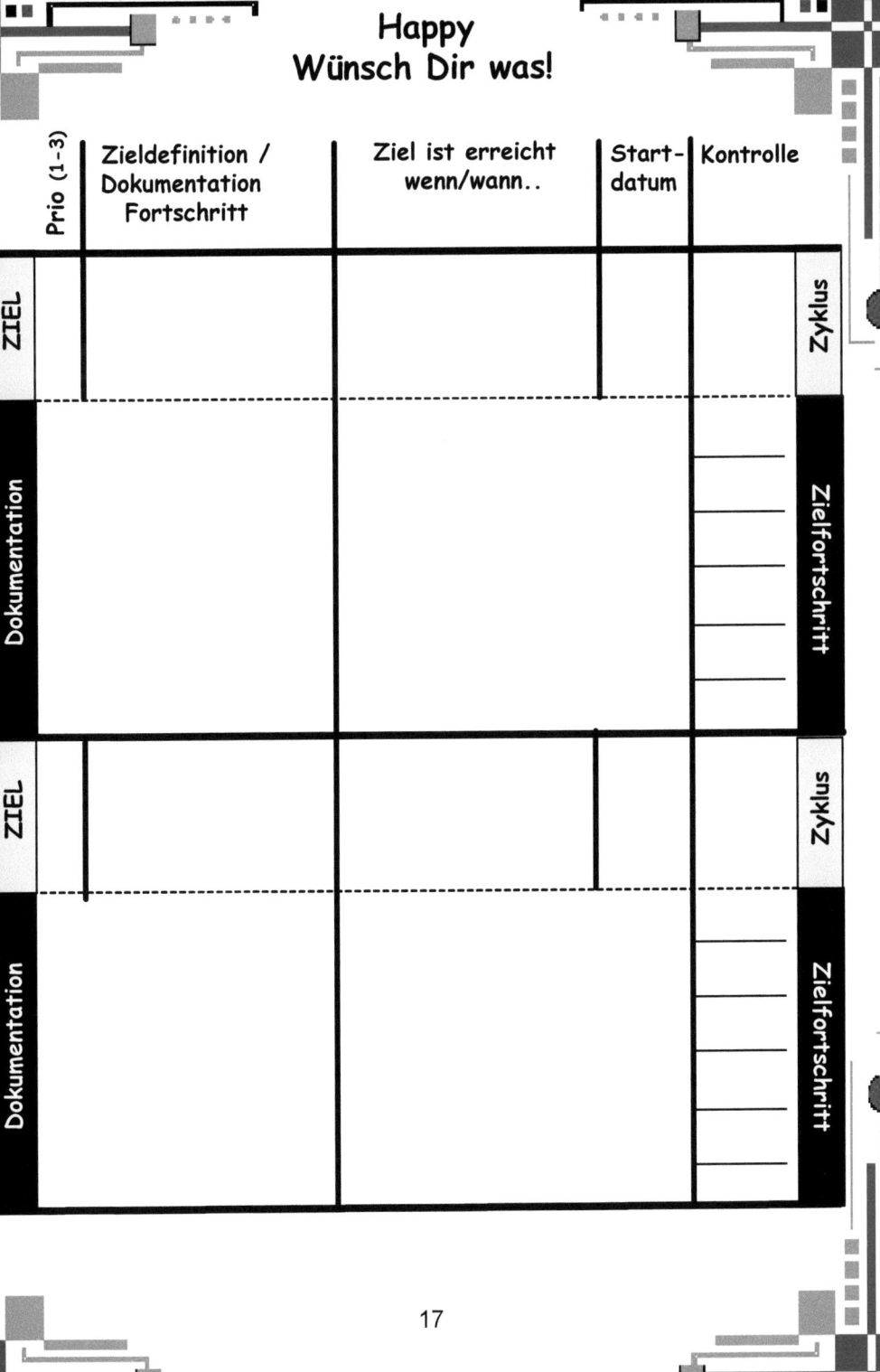

Prio (1-3)	Zieldefinition / Dokumentation Fortschritt	Ziel ist erreicht wenn/wann..	Start-datum	Kontrolle	
ZIEL					Zyklus
Dokumentation					Zielfortschritt
ZIEL					Zyklus
Dokumentation					Zielfortschritt

Happy
Wünsch Dir was!

○ Aufhören, beim Verlassen des Raumes das Licht brennen zu lassen (Beispielziel: Ich nehme mir vor, ab sofort immer daran zu denken das Licht auszumachen, wenn ich den Raum verlasse)

○ Aufhören, die Zahnpasta Tube nicht komplett ausgedrückt weg zu schmeißen . (Beispielziel: Ich nehme mir vor, Zahnpasta Tuben immer zu komplett auszudrücken bevor ich sie weg schmeiße)

○ Aufhören, sich immer gleich neue Schuhe zu kaufen (Beispielziel: Ich nehme mir vor, vor dem Kauf von neuen Schuhen zu prüfen, ob es nicht auch reichen kann, die Alten neu zu besohlen)

○ Aufhören, das Wasser während des Zähneputzens laufen zu lassen (Beispielziel: Ich nehme mir vor, direkt vor dem Start vom Zähneputzen ganz bewusst den Wasserhahn zuzudrehen)

○ Aufhören, das Geld mit dem Spielen von Glücksspielen zu verpulvern (Beispielziel: Ich nehme mir vor, ab sofort nicht mehr an Geldspielautomaten und auch kein Lotto mehr zu spielen)

○ Aufhören, ohne konkreten Plan in den Supermarkt einkaufen zu gehen (Beispielziel: Ich nehme mir vor, vor jedem Einkauf im Supermarkt eine Einkaufsliste zu erstellen)

○ Aufhören mit dem Kauf von teuren Markenprodukten (Beispielziel: Ich nehme mir vor, beim Kauf von Dingen auf die Funktionserfüllung zu achten und nicht so sehr auf die Marke)

○ Aufhören, übertrieben Trinkgeld zu geben (Beispielziel: Ich nehme mir vor, beim nächsten Restaurantbesuch nur einen festen Prozentsatz (z.B. 5%) Trinkgeld zu geben)

○ Aufhören, Geld für unnötige Luxusgüter auszugeben (Beispielziel: Ich nehme mir vor, ab sofort auf unnötig teure Luxusgüter komplett zu verzichten)

Happy
Wünsch Dir was!

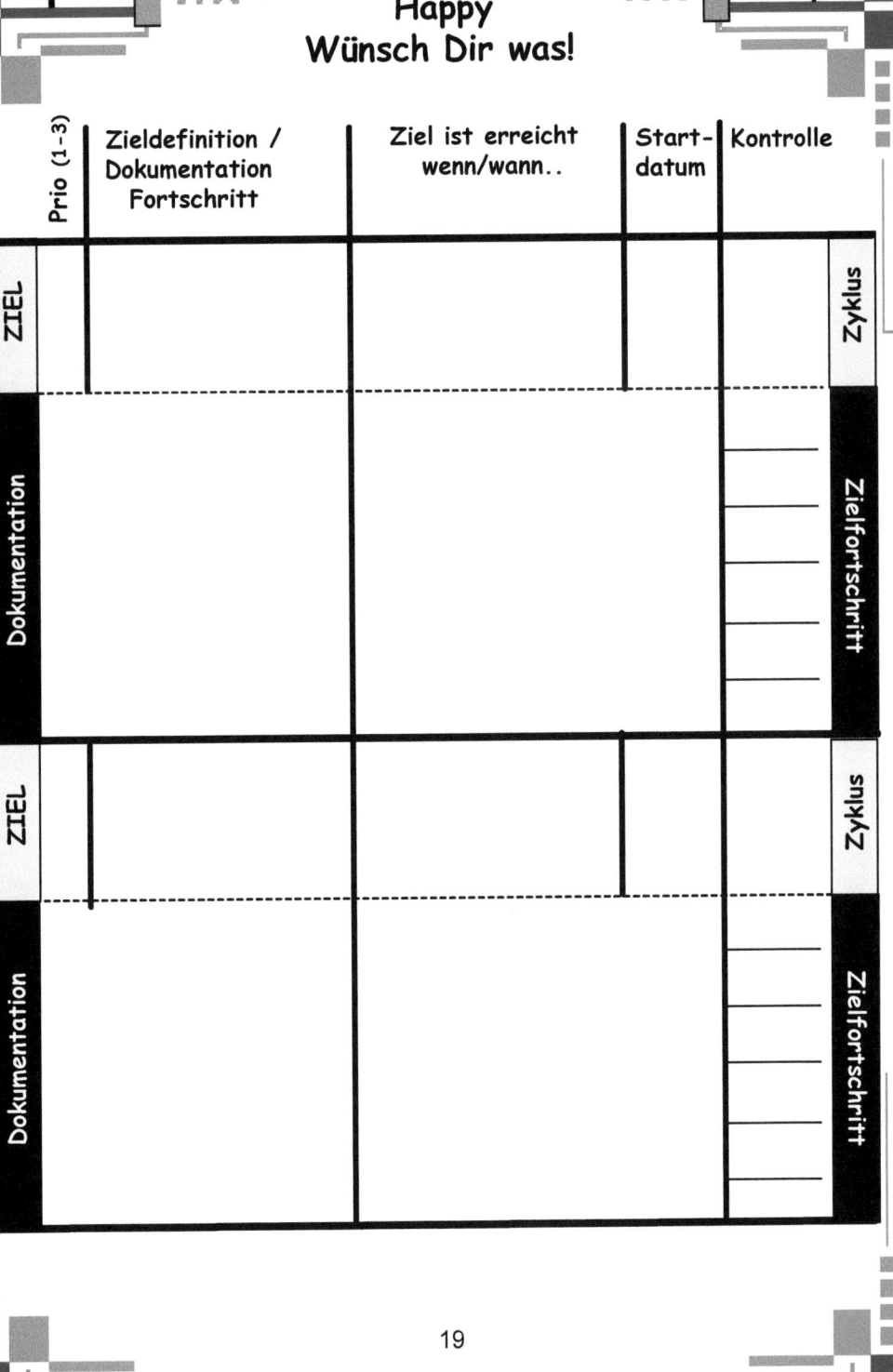

Prio (1-3)	Zieldefinition / Dokumentation Fortschritt	Ziel ist erreicht wenn/wann..	Start-datum	Kontrolle
ZIEL				Zyklus
Dokumentation				Zielfortschritt
ZIEL				Zyklus
Dokumentation				Zielfortschritt

Happy
Wünsch Dir was!

○ Aufhören mit dem langen Duschen (Beispielziel: Ich nehme mir vor, ab sofort eine festgelegte Duschdauer einzuhalten)

○ Aufhören mit dem häufigen Baden (Beispielziel: Ich nehme mir vor, ab sofort nicht mehr als einmal pro Woche zu baden)

○ Aufhören, auch bei kurzen Wegen immer das Auto zu nehmen (Beispielziel: Ich nehme mir vor, ab sofort bei kurzen Wegen das Auto stehen zu lassen, und zu Fuß gehen oder das Fahrrad zu nehmen)

○ Aufhören, kein Preisvergleich vor dem Kauf zu machen (Beispielziel: Ich nehme mir vor, vor dem Kauf mir die Mühe zu machen, Preise zu vergleichen)

○ Aufhören bei Handwerksarbeiten, gleich das erstbeste Angebot zu nehmen (Beispielziel: Ich nehme mir vor, vor endgültiger Beauftragung eines Handwerkers immer erst mehrere Angebote einzuholen, und erst dann den Auftrag zu erteilen)

○ Aufhören mit dem Kaufen auf Kredit (Beispielziel: Ich nehme mir vor, maximal so viel Geld auszugeben, wie mir im Monat nach Abzug aller Unkosten und einer monatlichen Sparsumme übrig bliebt)

○ Aufhören, noch brauchbare Essensreste einfach wegzuschmeißen (Beispielziel: Ich nehme mir vor, mir Gedanken zu machen wie die Essensreste noch für ein späteres Essen verwendet werden könnten)

○ Aufhören, immer die teure Mode zu kaufen (Beispielziel: Ich nehme mir vor, auch Mode ohne Label zu kaufen, sofern sie eine ähnliche Qualität oder Funktion aufweist oder vielleicht sogar besser ist als vergleichbare Ware mit Label)

Happy
Wünsch Dir was!

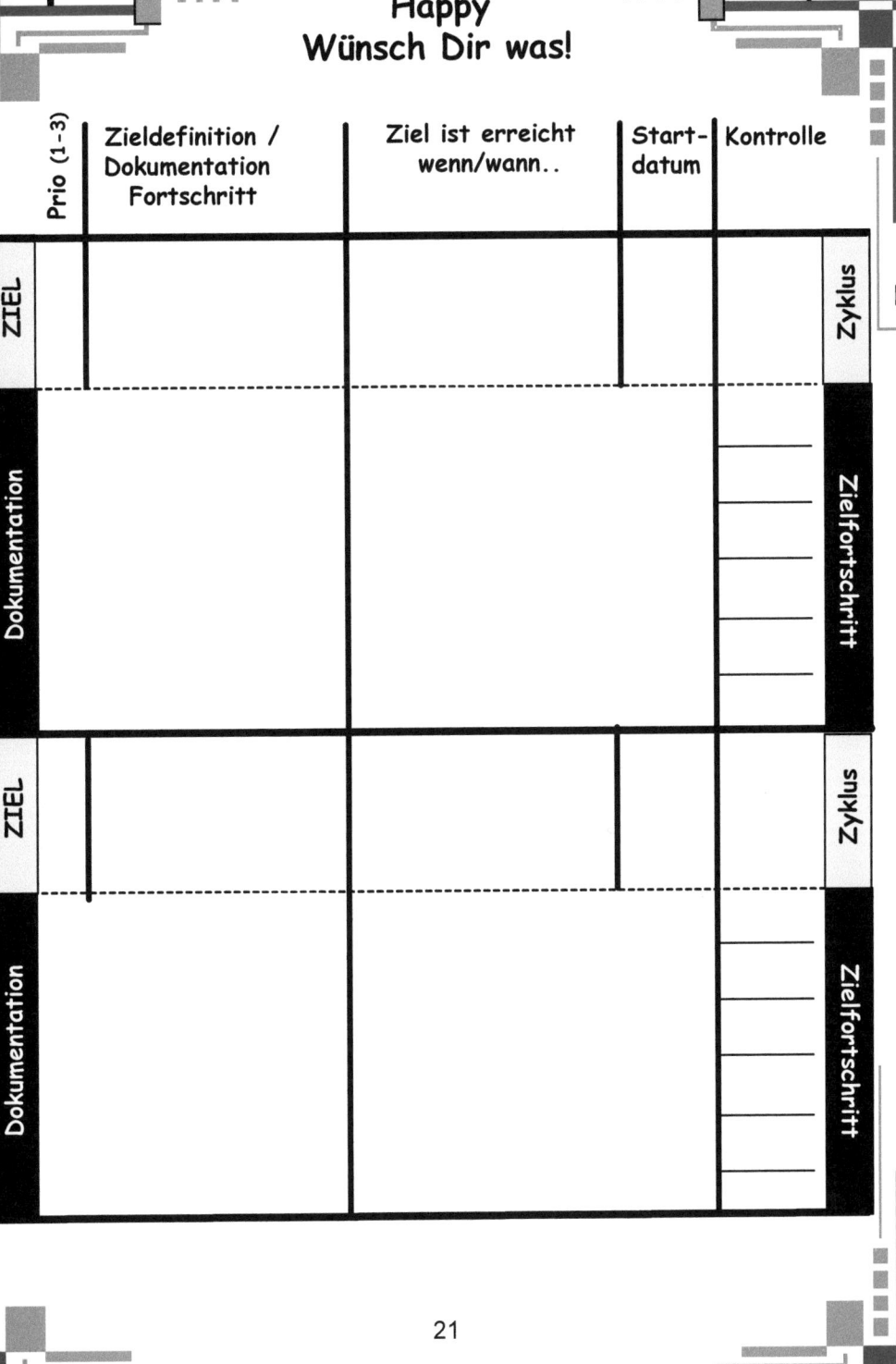

Prio (1-3)	Zieldefinition / Dokumentation Fortschritt	Ziel ist erreicht wenn/wann..	Start- datum	Kontrolle	
ZIEL					Zyklus
Dokumentation					Zielfortschritt
ZIEL					Zyklus
Dokumentation					Zielfortschritt

4. Gesundheit (Ernährung, Hygiene)

○ Aufhören mit dem Rauchen (Beispielziel: Ich nehme mir vor, z.b. ab sofort keine Zigaretten mehr zu kaufen, und die Alten ebenfalls sofort wegzuschmeißen)

○ Aufhören, sich permanent nur unter Druck zu setzen (Beispielziel: Ich nehme mir vor, mir pro Woche mindestens 4 Stunden eine Auszeit zu gönnen , z.b. fürs Lesen)

○ Aufhören, das Essen so stark zu salzen (Beispielziel: Ich nehme mir vor, den Salzeinsatz zu reduzieren, z.b. nur noch einen halbgefüllten kleinen Salzstreuer für den gesamten Monat zu verbrauchen)

○ Aufhören mit dem Übergewicht (Beispielziel: Ich nehme mir vor, Gewicht zu reduzieren, z.b. 2-3 Kilo pro Monat, indem ich mich konsequent an den mir verordneten Diätplan meines Arztes halte, oder auch unmittelbar durch Halbierung der bisherigen Essensmengen)

○ Aufhören, zu wenig Obst und Gemüse zu essen (Beispielziel: Ich nehme mir vor, mehr Obst und Gemüse zu essen, z.B. mindestens einen Apfel und eine Tomate pro Tag)

○ Aufhören mit dem Auslassen des Frühstücks (Beispielziel: Ich nehme mir vor, jeden Tag mindestens eine Scheibe Brot oder ein kleines Schälchen Müsli zu essen)

○ Aufhören, viele Light-Produkte zu essen/trinken (Beispielziel: Ich nehme mir vor, statt des Konsums von Light Produkten, einfach meine Menge an Essen zu reduzieren , bzw. weniger kalorienreiches Essen zu mir zu nehmen)

○ Aufhören, so viele Süßigkeiten zu essen (Beispielziel: Ich nehme mir vor, nur noch eine kleine Süßigkeit pro Tag zu essen)

○ Aufhören mit dem Fastfood (Beispielziel: Ich nehme mir vor, nicht mehr als einmal pro Woche Fastfood zu essen)

Happy
Wünsch Dir was!

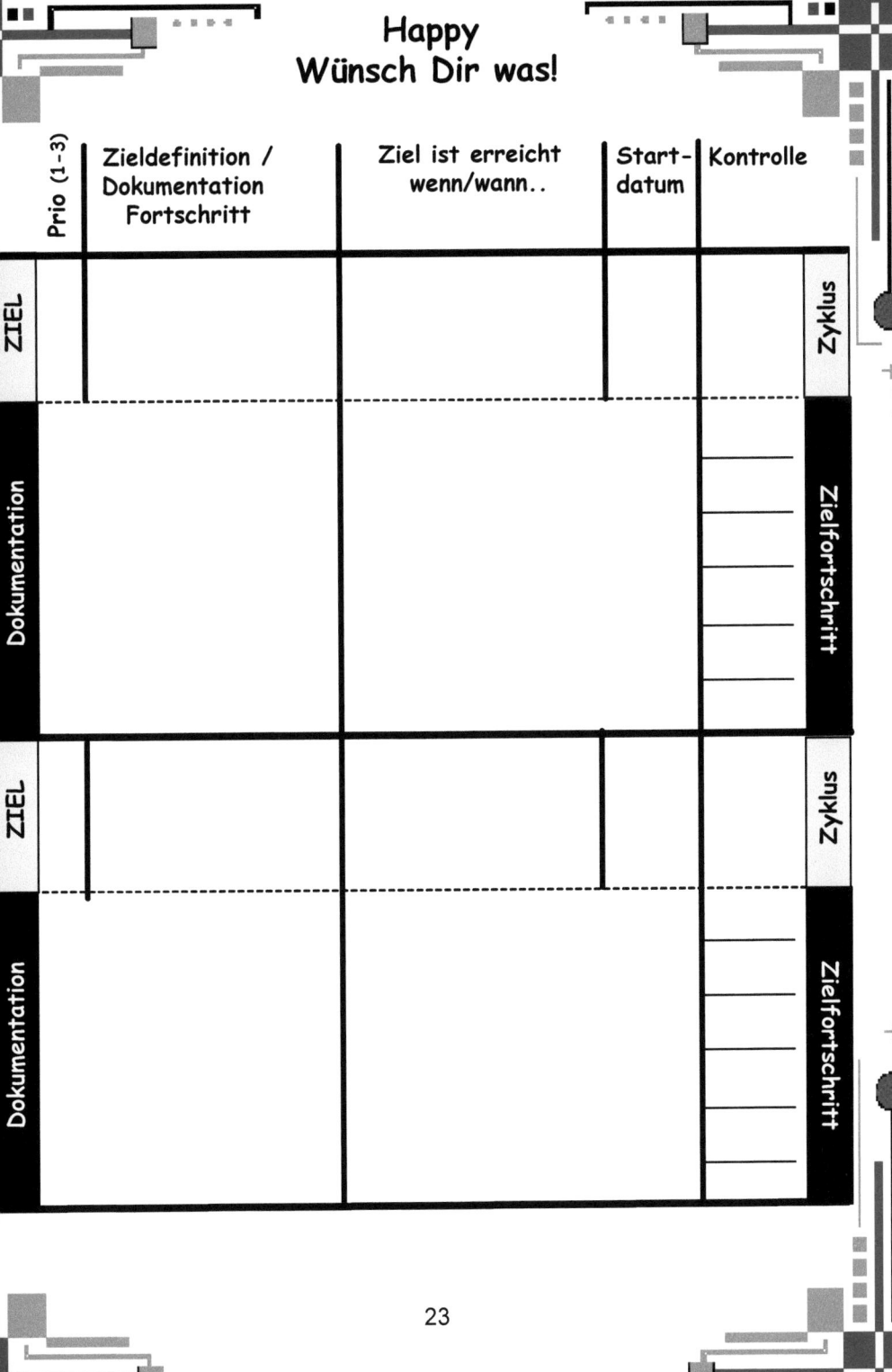

Prio (1-3)	Zieldefinition / Dokumentation Fortschritt	Ziel ist erreicht wenn/wann..	Start-datum	Kontrolle	
ZIEL					Zyklus
Dokumentation					Zielfortschritt
ZIEL					Zyklus
Dokumentation					Zielfortschritt

Happy
Wünsch Dir was!

○ Aufhören, zu viel Butter zu essen (Beispielziel: Ich nehme mir vor, ab sofort zwischen Butter und Margarine zu variieren)

○ Aufhören mit dem permanenten Nehmen von Tabletten (Beispielziel: Ich nehme mir vor, ab sofort Tabletten nur noch im Notfall einzunehmen, und die Quantität dementsprechend zu variieren)

○ Aufhören, sich über den schlaffen Körper zu ärgern (Beispielziel: Ich nehme mir vor, ab kommende Woche mich bei einem Fitnessstudio oder Sportverein anzumelden, und dreimal die Woche zwecks gezielten Aufbaus der Muskeln trainieren zu gehen)

○ Aufhören mit dem Pinkeln im Stehen (@ Männer ☺) (Beispielziel: Ich nehme mir vor, mich ab sofort beim Pinkeln hinzusetzen, um damit die Toilette auch im hygienisch einwandfreien Zustand wieder zu verlassen)

○ Aufhören mit dem Einschlafen auf der Couch mit laufenden Fernseher (Beispielziel: Ich nehme mir vor, einen Wecker neben die Couch zu stellen und auf eine Weckzeit zu stellen, bei der ich allerspätestens im Bett sein möchte)

○ Aufhören mit dem Nase popeln (Beispielziel: Ich nehme mir vor, nicht mehr in der Öffentlichkeit in meiner Nase zu popeln, sondern dies ausschließlich für mich im Toilettenbereich zu tun)

○ Aufhören mit der schlechten Zahnpflege (Beispielziel: Ich nehme mir vor, meine Zähne ohne Ausnahme täglich jeweils morgens und abends zu putzen)

○ Aufhören, die Ratschläge des Arztes zu ignorieren (Beispielziel: Ich nehme mir vor, die Anweisungen meines Arztes zu befolgen und nicht aus Bequemlichkeit oder anderen Gründen zu ignorieren)

○ Aufhören mit dem spät zu Bett gehen (Beispielziel: Ich nehme mir vor, ab sofort vor Mittagnacht bereits zu schlafen)

○ Aufhören mit dem übermäßigen Kaffee trinken (Beispielziel: Ich nehme mir vor, meinen Kaffeekonsum auf maximal zwei Tassen pro Tag zu beschränken)

Happy
Wünsch Dir was!

Prio (1-3)	Zieldefinition / Dokumentation Fortschritt	Ziel ist erreicht wenn/wann..	Start-datum	Kontrolle
ZIEL				Zyklus
Dokumentation				Zielfortschritt
ZIEL				Zyklus
Dokumentation				Zielfortschritt

Happy
Wünsch Dir was!

O Aufhören mit dem Fingernägel kauen (Beispielziel: Ich nehme mir vor, nicht mehr an meinen Fingernägeln zu kauen und stattdessen, z.B. an einer Mohrrübe knabbere)

O Aufhören mit dem Trinken bei jeder Gelegenheit (Beispielziel: Ich nehme mir vor, Zuhause alle alkoholischen Getränke wegzuschütten, und nur auswärts bei besonderen Gelegenheiten Alkohol zu mir zu nehmen)

O Aufhören an ekligen oder giftigen Duften zu schnuppern (Beispielziel: Ich nehme mir vor, mir das unappetitliche bzw. giftige Schnuppern an ekligen oder berauschenden Düften sofort und konsequent einzustellen)

O Aufhören, immer die Haustiere zu beknutschen (Beispielziel: Ich nehme mir vor, jedes Haustier nicht mehr sofort anfassen bzw. sogar beknutschen zu müssen und wahre aus Respekt zu dem Tier, bzw. dessen Halter und aus hygienischen Gründen den entsprechenden Abstand)

O Aufhören, nach dem Rasieren die Barthaare im Waschbecken nicht wegzuspülen (Beispielziel: Ich nehme mir vor, nach dem Rasieren daran zu denken die abrasierten Barthaare aus dem Waschbecken zu entfernen und den anderen Mitbenutzern des Bads, damit den entsprechenden Respekt entgegen zu bringen)

O Aufhören, Pickel oder Wunden aufzukratzen (Beispielziel: Ich nehme mir vor, dem Juckreiz zu wiederstehen und keine juckenden Pickel oder Wunden aufzukratzen)

O Aufhören, die Finger zu knacken (Beispielziel: Ich nehme mir vor, mit dem Knacken aufzuhören, und falls ich es trotzdem tue jedes mal 1 Euro an den nächsten Bettler verschenke dem ich begegne)

O Aufhören mit dem Essen aus Langeweile (Beispielziel: Ich nehme mir vor, ab sofort nur noch dann zu essen, wenn ich wirklich ein Hungergefühl verspüre und nicht nur, wenn mir langweilig ist oder ich einfach nur Appetit habe)

O Aufhören, die Zahnpasta Tube nicht zuzudrehen (Beispielziel: Ich nehme mir vor, fest daran zu denken die Zahnpasta Tube nach dem Benutzen auch wieder zuzudrehen)

26

Happy
Wünsch Dir was!

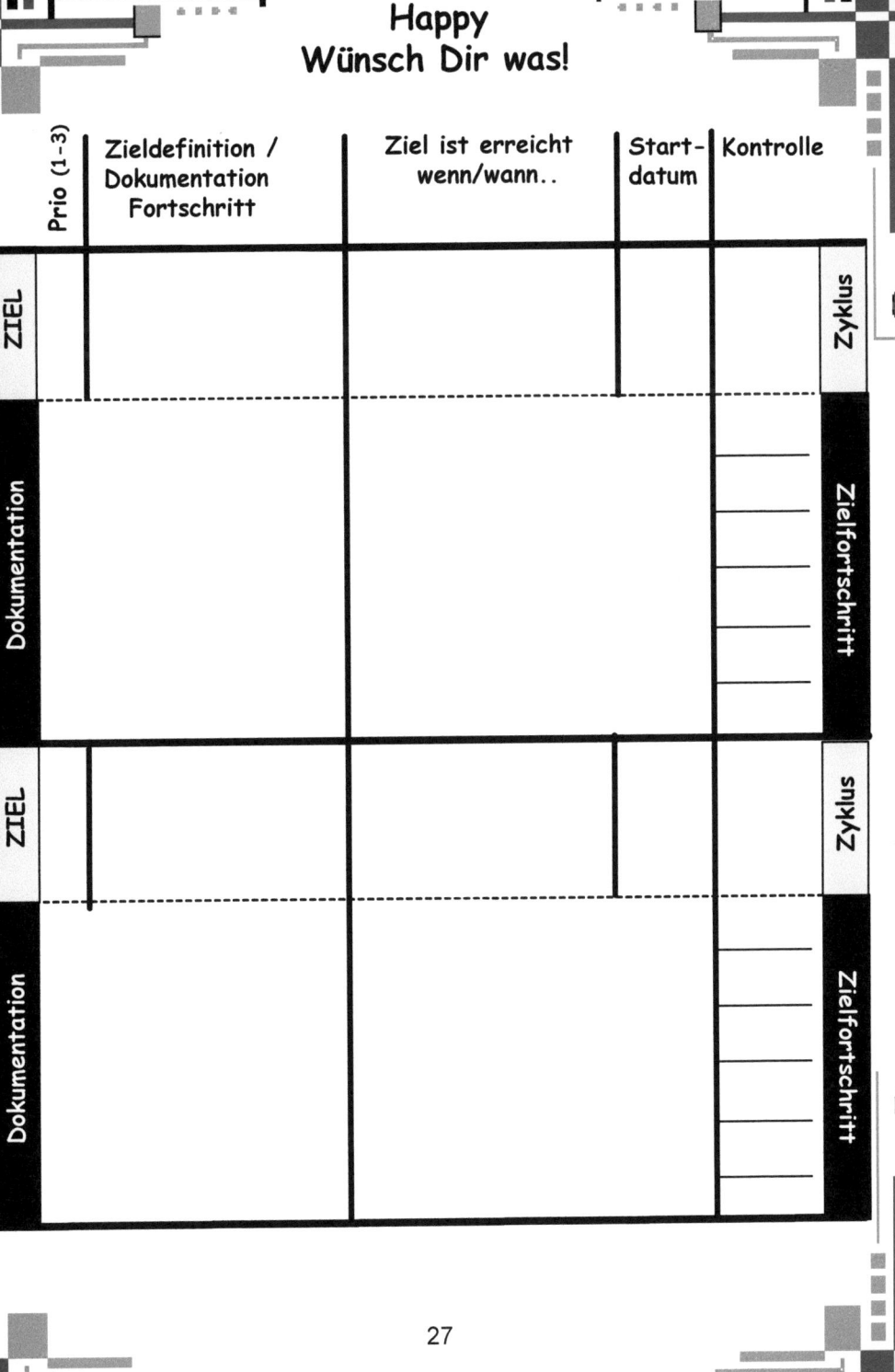

Prio (1-3)	Zieldefinition / Dokumentation Fortschritt	Ziel ist erreicht wenn/wann..	Start-datum	Kontrolle	
ZIEL					Zyklus
Dokumentation					Zielfortschritt
ZIEL					Zyklus
Dokumentation					Zielfortschritt

5. Kommunikation

○ Aufhören mit dem schnellen Sprechen (Beispielziel: Ich nehme mir vor, bewusst langsamer zu reden, zumindest bei beruflichen bzw. wichtigen Angelegenheiten)

○ Aufhören sich über andere lustig zu machen (Beispielziel: Ich nehme mir vor, ab sofort nur noch respektvoll mit den anderen umzugehen)

○ Aufhören frech zu sein (Beispielziel: Ich nehme mir vor, freche Antworten zu unterlassen und stattdessen sachlich und ohne Provokation zu argumentieren)

○ Aufhören, anzügliche Witze/Sprüche zu machen (Beispielziel: Ich nehme mir vor, ab sofort keine pubertären Witzchen mehr zu machen, und mich respektvoll anderen gegenüber zu verhalten)

○ Aufhören provokant zu reden (Beispielziel: Ich nehme mir vor, mich bei Gesprächen mehr zurückzunehmen, und kritische Anmerkungen sachlich zu formulieren)

○ Aufhören immer das letzte Wort haben zu müssen (Beispielziel: Ich nehme mir vor, nicht immer so penetrant das letzte Wort haben zu müssen, sondern meine Ansicht durch sachliche Argumentation im Laufe des Gespräches hervorzuheben)

○ Aufhören mit dem permanenten auf die Uhr schauen bei Gesprächen (Beispielziel: Ich nehme mir vor, nicht mehr despektierlich auf die Uhr zu schauen und schaffe dies z.B. indem ich die Uhr während eines Gespräches mit der Hand verdecke)

Happy
Wünsch Dir was!

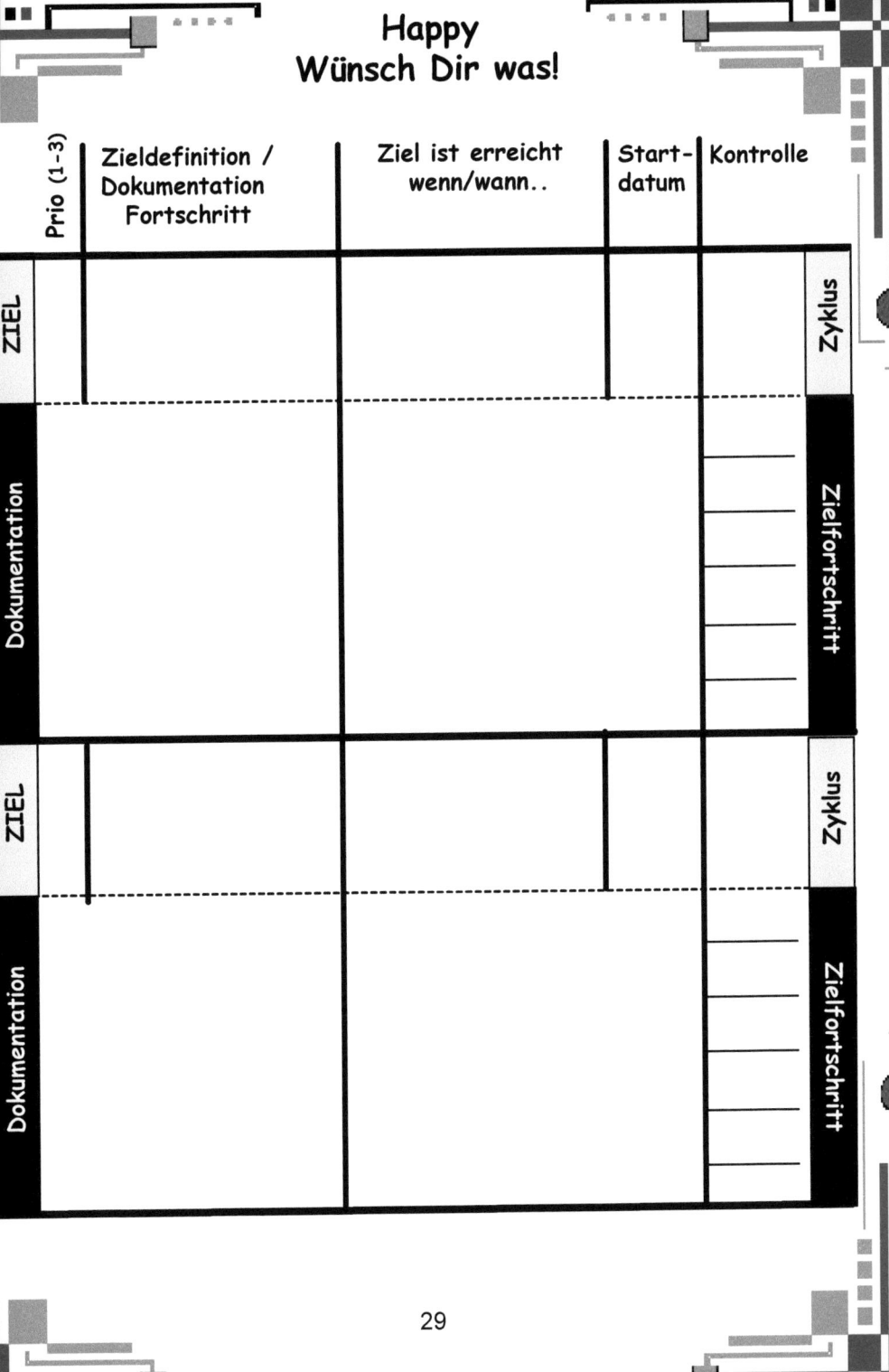

Prio (1-3)	Zieldefinition / Dokumentation Fortschritt	Ziel ist erreicht wenn/wann..	Start-datum	Kontrolle	
ZIEL					Zyklus
Dokumentation					Zielfortschritt
ZIEL					Zyklus
Dokumentation					Zielfortschritt

Happy
Wünsch Dir was!

○ Aufhören, morgens den anderen als Morgenmuffel zu begegnen (Beispielziel: Ich nehme mir vor, mich morgens nicht meiner schlechten Laune oder Restmüdigkeit hinzugeben, sondern zwinge mich anderen in angenehmer Form zu begegnen)

○ Aufhören, sich selbst schlecht zu machen vor anderen (Beispielziel: Ich nehme mir vor, ab sofort nicht mehr schlecht über mich zu reden, sondern selbstbewusst meine Meinung zu sagen)

○ Aufhören, sich wie eine Heulsuse zu benehmen (Beispielziel: Ich nehme mir vor, nicht immer alles an mich ranzulassen, und die Dinge mit Abstand zu betrachten und zu bewerten)

○ Aufhören andere andauernd korrigierend eingreifen zu wollen (Beispielziel: Ich nehme mir vor, mich mehr zurückzunehmen, und nicht dem Drang nachzugeben, den anderen andauernd zeigen zu müssen, dass ich es vielleicht besser weiß)

○ Aufhören, die anderen nicht ausreden zu lassen (Beispielziel: Ich nehme mir vor, geduldiger zu werden und dem Drang den anderen ins Wort zu fallen, bzw. nicht ausreden zu lassen nicht nachzugeben, und zu warten bis mein Gesprächspartner zu Ende gesprochen hat)

○ Aufhören, Fremde mit „du" anzusprechen (Beispielziel: Ich nehme mir vor, Fremde zu respektieren, und diese nicht despektierlich mit „du" sondern mit „Sie" anzusprechen)

○ Aufhören, nicht im ganzen Satz zu antworten (Beispielziel: Ich nehme mir vor, mich dazu zu zwingen, ab sofort keine einsilbigen Antworten mehr zu geben, sondern immer in einem vollständigen Satz zu antworten)

Happy
Wünsch Dir was!

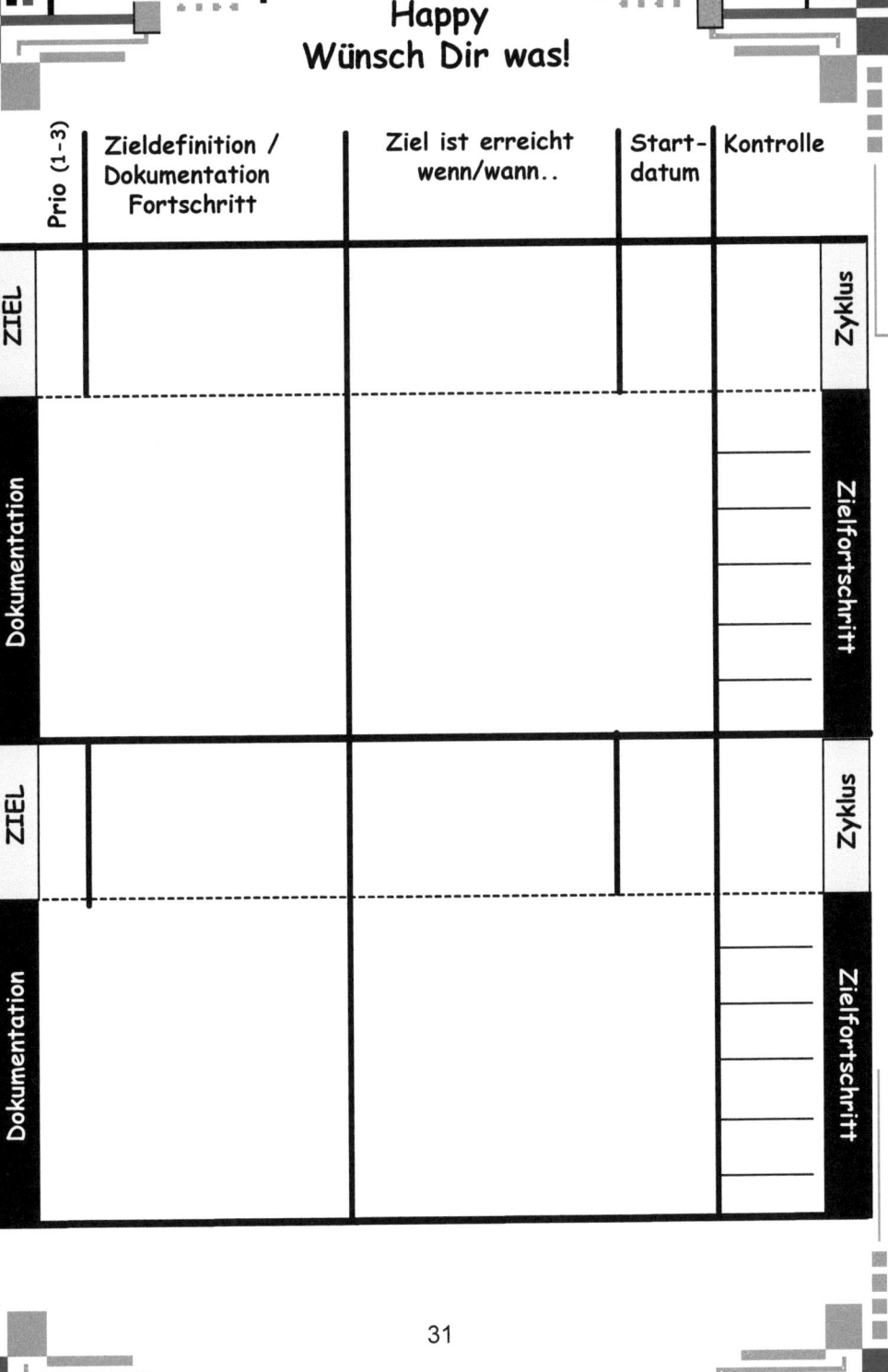

Prio (1-3)	Zieldefinition / Dokumentation Fortschritt	Ziel ist erreicht wenn/wann..	Start-datum	Kontrolle	
ZIEL					Zyklus
Dokumentation					Zielfortschritt
ZIEL					Zyklus
Dokumentation					Zielfortschritt

Happy
Wünsch Dir was!

○ Aufhören in Gesprächen abrupte Gedankensprünge zu machen (Beispielziel: Ich nehme mir vor, ganz bewusst Gedankengänge zu Ende zu bringen und erst danach zu anderen Themen bzw. Perspektiven zu wechseln)

○ Aufhören den anderen gegenüber so unfreundlich oder zickig zu sein (Beispielziel: Ich nehme mir vor, Verständnis für die anderen zu entwickeln, mich auf meine Dinge zu konzentrieren, und das Wirken anderer und die Menschen selbst so zu akzeptieren so wie sie sind)

○ Aufhören, andere andauernd runterzumachen zu beleidigen (Beispielziel: Ich nehme mir, ab sofort andere nicht mehr zu beleidigen, sondern konstruktive Kritik zu üben, also Feedback zu geben, die dem anderen hilft)

○ Aufhören andere nicht zu Wort kommen zu lassen (Beispielziel: Ich nehme mir vor, mich bei Gesprächen mehr zurückzunehmen, und mir auch die Meinung anderer anzuhören, bevor ich meine Sicht mitteile)

○ Aufhören, ohne Punkt und Komma zu reden (Beispielziel: Ich nehme mir vor, künstliche Pausen in mein Sprechen einzubauen, z.B. immer dann, wenn grammatikalisch ein Satzzeichen gesetzt werde würde)

○ Aufhören, über jeden Mist zu lachen (Beispielziel: Ich nehme mir vor, mich weniger bei meinen Gesprächspartner anzubiedern, und mit dem Lachen aus übertriebener Freundlichkeit aufzuhören)

○ Aufhören zu reden, ohne vorher nachzudenken (Beispielziel: Ich nehme mir vor, bevor ich etwas sage, mir ganz genau bewusst ist, was ich sage möchte und nicht mehr spontan drauf los rede)

Happy
Wünsch Dir was!

Prio (1-3)	Zieldefinition / Dokumentation Fortschritt	Ziel ist erreicht wenn/wann..	Start-datum	Kontrolle	
ZIEL					Zyklus
Dokumentation					Zielfortschritt
ZIEL					Zyklus
Dokumentation					Zielfortschritt

○ Aufhören, Grimassen zu ziehen (Beispielziel: Ich nehme mir vor, meine Meinung zu Situationen oder Gesagten nicht durch Grimassen zu äußern, sondern tue dies über ein sachlich geführtes Gespräch)

○ Aufhören, andauernd irgendwelche Kraftausdrücke oder Schimpfwörter zu benutzen (Beispielziel: Ich nehme mir vor, ab sofort anstelle von Kraftausdrücken oder Schimpfworten, meine Meinung durch eine sachliche Beschreibung der Situation zu umschreiben)

○ Aufhören mit dem Angeben, Prahlen und Übertreiben (Beispielziel: Ich nehme mir vor, mein geringes Selbstwertgefühl nicht mehr durch Unwahrheiten bzw. Übertreibungen zu erhöhen, sondern arbeite stattdessen gezielt daran, meine Schwächen zu verringern und meine Stärken zu verbessern)

○ Aufhören, Lampenfieber als nicht änderbar hinzunehmen (Beispielziel: Ich nehme mir vor, mein Lampenfieber zu bekämpfen, indem ich gezielt solche Situationen suche und bewältige)

○ Ich nehme mir vor, Mitmenschen unabhängig von Handicap, Herkunft oder Glauben respektvoll zu begegnen (Beispielziel: Ich nehme mir vor, ab sofort ganz bewusst meine negativen Vorurteile durch ein positives Gedankenbild auszutauschen und somit offen und respektvoll allen Arten von Mitmenschen begegnen zu können)

Happy
Wünsch Dir was

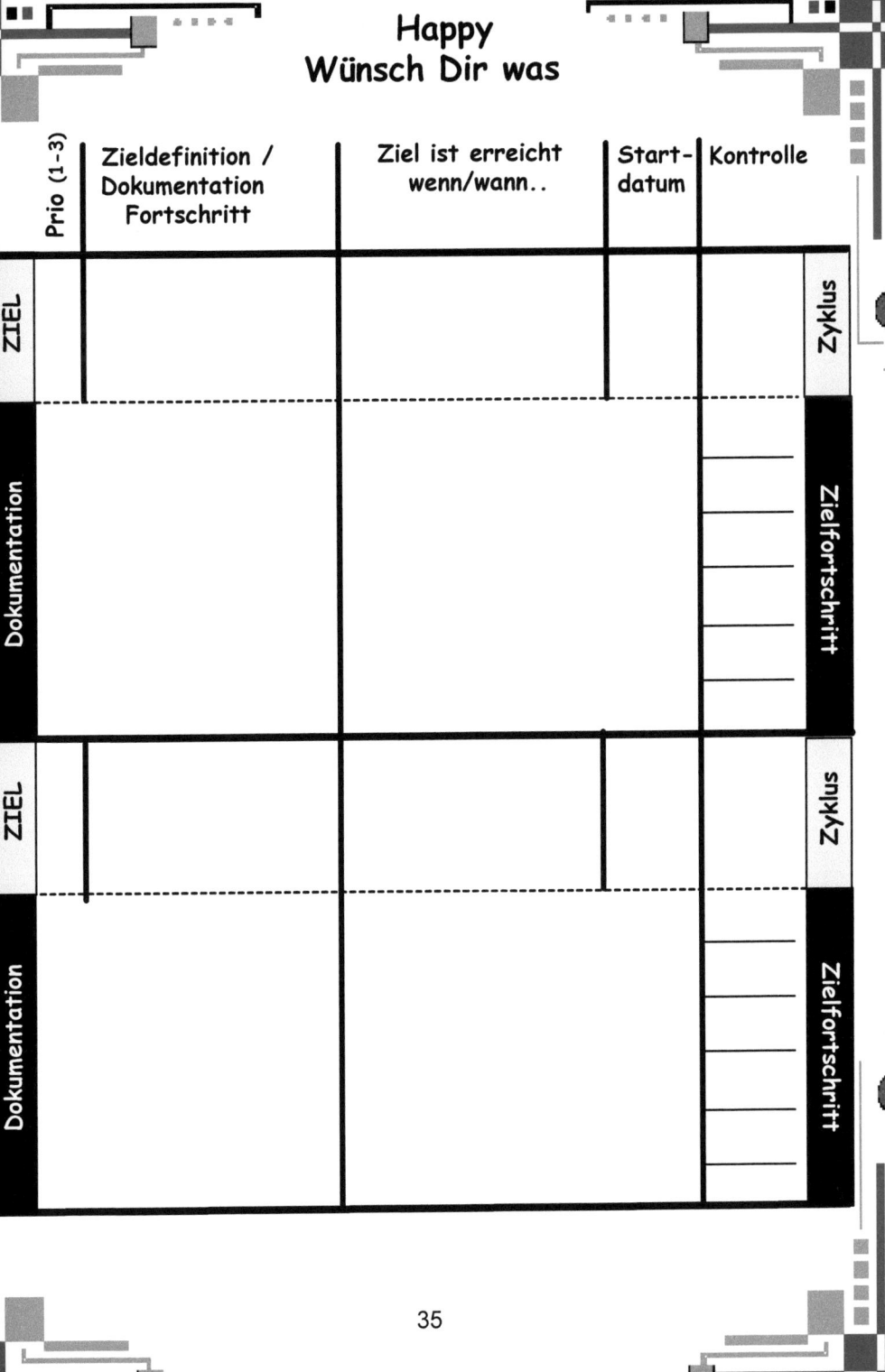

Prio (1-3)	Zieldefinition / Dokumentation Fortschritt	Ziel ist erreicht wenn/wann..	Start-datum	Kontrolle	
ZIEL					Zyklus
Dokumentation					Zielfortschritt
ZIEL					Zyklus
Dokumentation					Zielfortschritt

6. Organisation und Ordnung

O Aufhören den Urlaub/Reise immer auf den letzten Drücker zu buchen (Beispielziel: Ich nehme mir vor den Urlaub ein Jahr im Voraus zu planen und die Reise dann auch fest zu buchen)

O Aufhören, die eigene Vergesslichkeit hinzunehmen (Beispielziel: Ich nehme mir vor, wichtige Informationen und zu erledigende Dinge, im Smartphone oder in einem Notizheft zu notieren)

O Aufhören, sich andauernd von den wichtigen Dingen ablenken zu lassen (Beispielziel: Ich nehme mir vor, bei wichtigen bzw. dringend zu erledigenden Dingen mich nicht durch Stimmungen, Freunde, Social Netwrok etc. ablenken zu lassen)

O Aufhören mit der permanenten Ungeduld (Beispielziel: Ich nehme mir vor, mich ab sofort zur Geduld zu zwingen, und nicht verfrüht mit Antworten oder Aktionen zu starten)

O Aufhören mit den langen Shoppingtouren (Beispielziel: Ich nehme mir vor nur noch maximal zwei Stunden am Stück shoppen zu gehen)

O Aufhören alles auf den letzten Drücker zu machen (Beispielziel: Ich nehme mir vor, einen Terminkalender zu führen und die ToDos mit entsprechenden Vorlauf jeweils einzuplanen, und konsequent nach Plan umzusetzen)

O Aufhören mit dem Tagträumen (Beispielziel: Ich nehme mir vor, mich auf die wichtigen Dinge zu konzentrieren, die ich zu tun habe und verdränge das Bedürfnis, Tagträumen nachzugehen)

O Aufhören mit der Überpünktlichkeit (Beispielziel: Ich nehme mir vor, nicht mehr zu früh bei Verabredungen zu sein und warte ggfs. extra ein bisschen)

O Aufhören andauernd zu spät zu kommen (Beispielziel: Ich nehme mir vor, ab sofort zu jeder Verabredung und zu jedem Termin 15min früher loszugehen, als ich es bisher gewohnt war)

Happy
Wünsch Dir was

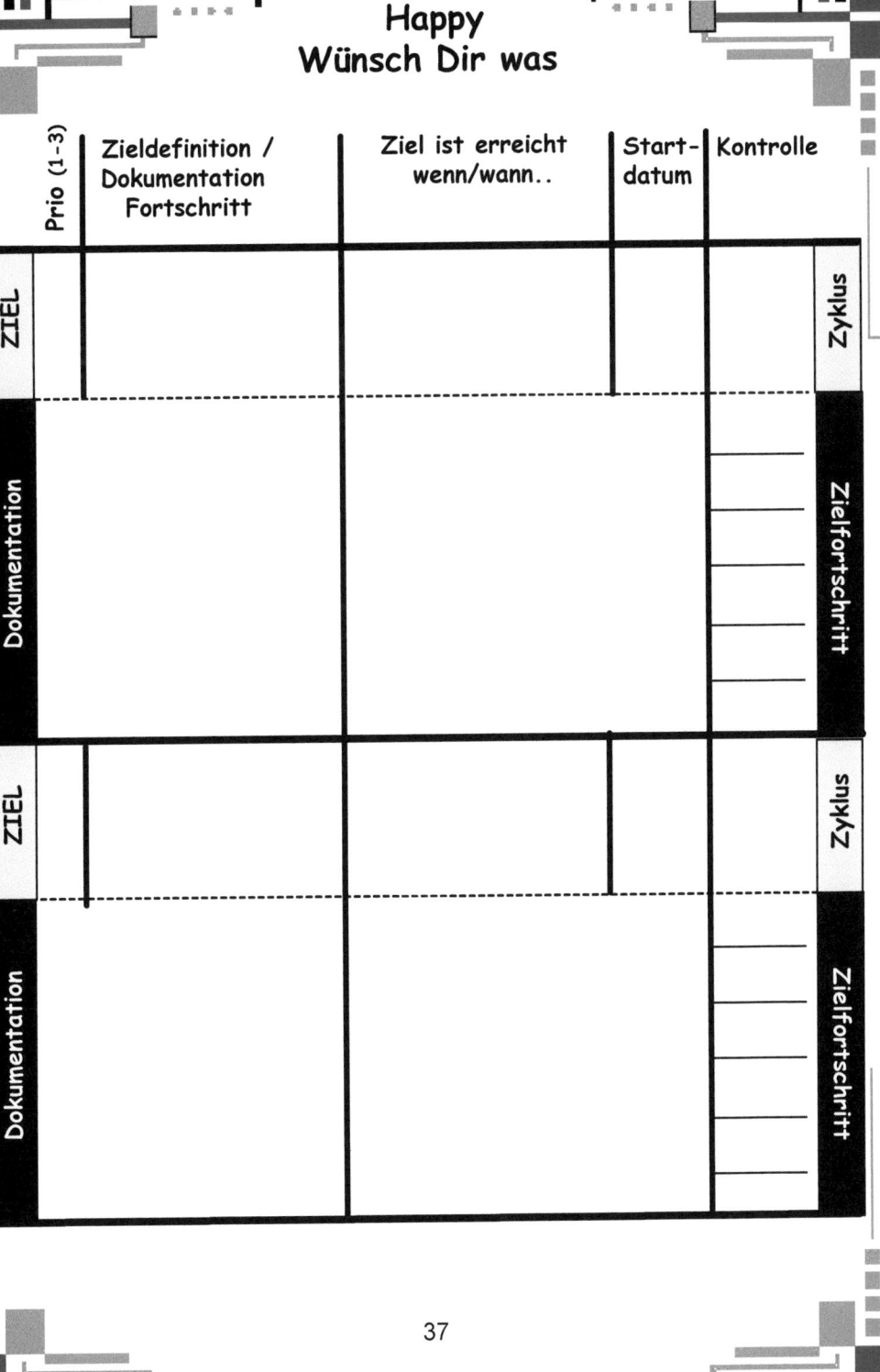

Prio (1-3)	Zieldefinition / Dokumentation Fortschritt	Ziel ist erreicht wenn/wann..	Start-datum	Kontrolle

ZIEL — Zyklus

Dokumentation — Zielfortschritt

ZIEL — Zyklus

Dokumentation — Zielfortschritt

O Aufhören, das Bezahlen von offenen Rechnungen hinauszuschieben (Beispielziel: Ich nehme mir vor, offene Rechnungen gleich am nächsten Tag zu begleichen)

O Aufhören den Geburtstag von Menschen zu vergessen, die einem wichtig sind (Beispielziel: Ich nehme mir vor, die Geburtstage aller Menschen die mir wichtig sind, bis Ende dieser Woche in meinen Terminkalender einzutragen)

O Aufhören mit dem kurzfristigen Absagen von Terminen (Beispielziel: Ich nehme mir vor, mich an meine Absprachen und Verabredungen zu halten, so dass ich als verlässlicher Partner bzw. Partnerin und Stütze wirke und als solcher/solche auch wahrgenommen werde)

O Aufhören mit dem stundenlangen telefonieren (Beispielziel: Ich nehme mir vor, pro Woche nicht mehr als 2 Stunden zu telefonieren)

O Aufhören, den Tisch nicht abzuräumen (Beispielziel: Ich nehme mir vor, nach dem Essen, das Geschirr und die Reste des Essens nicht einfachen stehen zu lassen, sondern sofort abzuräumen und in den Küchenbereich zu bringen, bzw. die Essensreste in den Mülleimer zu entsorgen)

O Aufhören, das Geschirr nicht zu spülen (Beispielziel: Ich nehme mir vor, ab sofort mein benutztes Essgeschirr nach Gebrauch gleich zu spülen, und nicht solange damit zu warten bis sich Essensreste festgesetzt haben)

O Aufhören, Dinge nicht wegzuschmeißen (Beispielziel: Ich nehme mir vor, Sachen die ich nicht mehr brauche oder mit hoher Wahrscheinlichkeit innerhalb der nächsten drei Jahre nicht brauchen werde, konsequent wegzuschmeißen)

Happy
Wünsch Dir was

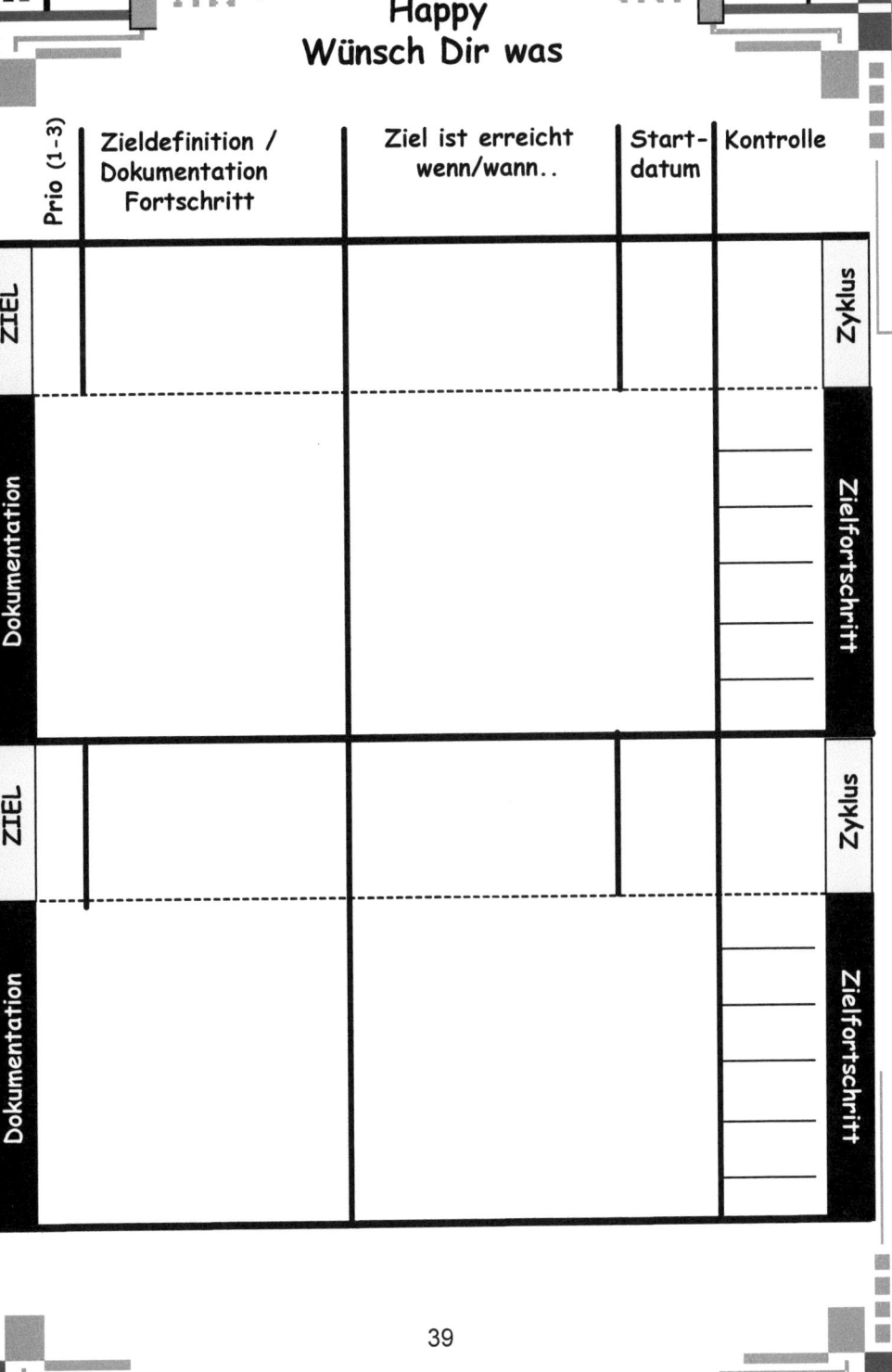

Prio (1-3)	Zieldefinition / Dokumentation Fortschritt	Ziel ist erreicht wenn/wann..	Start-datum	Kontrolle	
ZIEL					Zyklus
Dokumentation					Zielfortschritt
ZIEL					Zyklus
Dokumentation					Zielfortschritt

Happy
Wünsch Dir was

○ Aufhören, dreckige Wäsche nicht wegzuräumen (Beispielziel: Ich nehme mir vor, meine Schmutzwäsche nicht unappetitlich rumliegen zu lassen, sondern unverzüglich in einen Schmutzbeutel zu packen)

○ Aufhören mit der Gedankenlosigkeit (Beispielziel: Ich nehme mir vor, bei allem was ich tue, vorher das Ende zu bedenken, und mein Handeln anhand dieser Gedankengänge neu auszurichten)

○ Aufhören, so schlampig zu sein (Beispielziel: Ich nehme mir vor, meine Sachen nach Gebrauch wieder ordentlich wegzupacken, und nicht einfach liegenzulassen)

○ Aufhören, faul zu sein (Beispielziel: Ich nehme mir vor, nicht mehr meine Zeit mit unnützen Dingen zu verschwenden, sondern mir einen Tages- Wochen- und Monatsplan zu erstellen was ich alles erreichen möchte bzw. erledigt werden muss und arbeite diesen Plan konsequent ab)

○ Aufhören, alles hinauszuschieben (Beispielziel: Ich nehme mir vor, anfallende Aufgaben so schnell wie möglich zu erledigen und nicht aufgrund meiner Bequemlichkeit unnötig aufzuschieben)

○ Aufhören, mehr als zwei Stunden täglich Fernsehen zu schauen (Beispielziel: Ich nehme mir vor, nicht den ganzen Abend vor dem Fernseher zu hocken, und mich damit für andere wichtige Dinge wie z.B. Reparaturarbeiten, Hausarbeiten, Weiterbildung etc. zu blockieren)

○ Aufhören, das Zimmer nicht aufzuräumen (Beispielziel: Ich nehme mir vor, einmal pro Woche mein Zimmer komplett aufzuräumen)

Happy
Wünsch Dir was

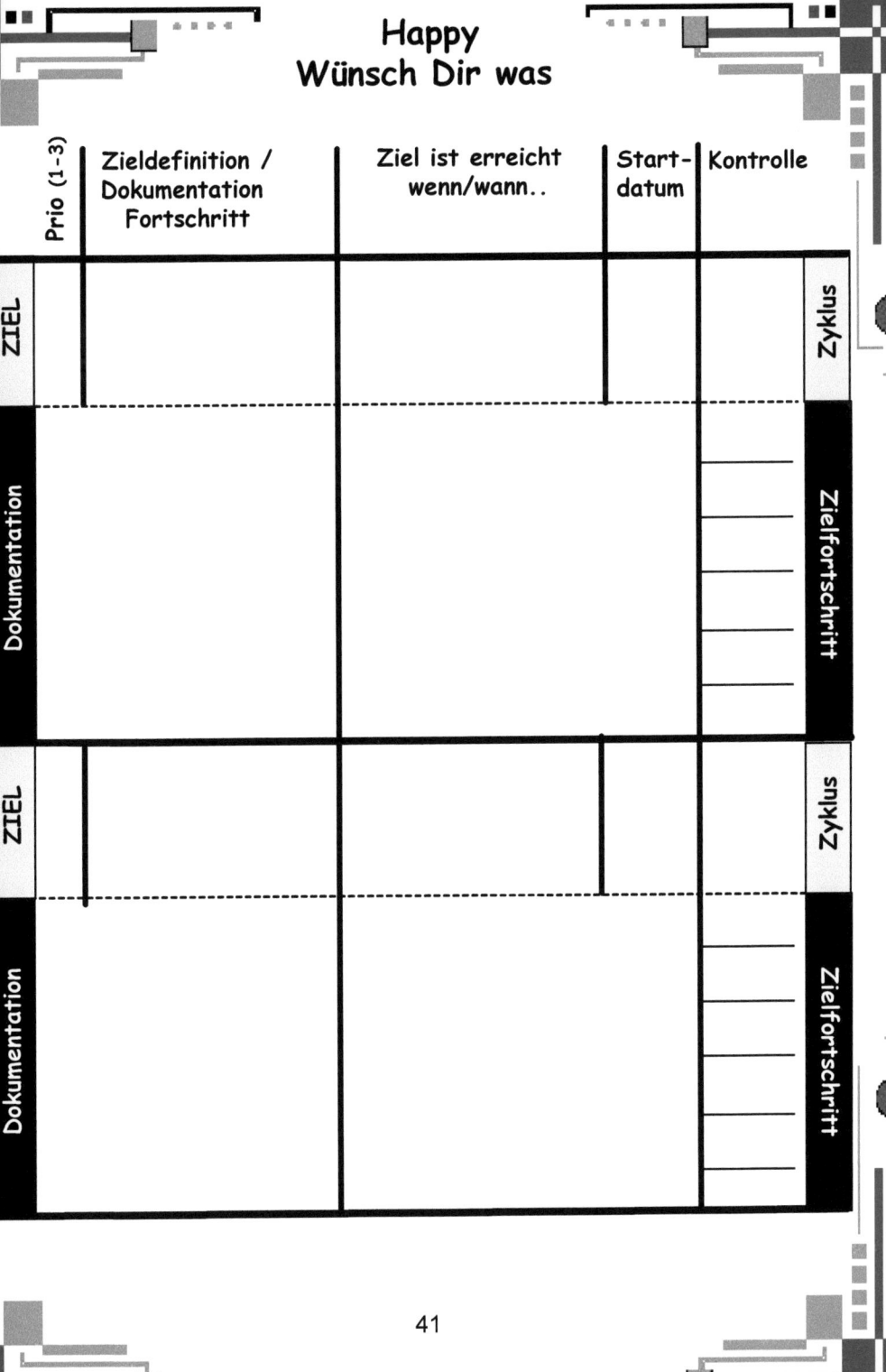

Prio (1-3)	Zieldefinition / Dokumentation Fortschritt	Ziel ist erreicht wenn/wann..	Start-datum	Kontrolle	
ZIEL					Zyklus
Dokumentation					Zielfortschritt
ZIEL					Zyklus
Dokumentation					Zielfortschritt

7. Sozialverhalten

O Aufhören, andere nur zu bedauern (Beispielziel: Ich nehme mir vor, z.B. innerhalb der nächsten 4 Wochen die Patenschaft für ein bedürftiges Kind oder ein Ehrenamt (http://www.ehrenamtsportal.de) zu übernehmen)

O Aufhören, nur dem Elend und der Armut in der Welt zuzusehen (Beispielziel: Ich nehme mir vor, z.B. ab kommenden Monat monatlich Geld (_____ €) an eine wohltätige Organisation zu spenden)

O Aufhören, keine Verantwortung für das eigene Handeln übernehmen zu wollen (Beispielziel: Ich nehme mir vor, für alles was ich tue, auch die Konsequenzen zu tragen und mir vor meinem Handeln die möglichen Konsequenzen bewusst zu machen)

O Aufhören, ausgeliehene Sachen nur nach Aufforderung zurückzugeben (Beispielziel: Ich nehme mir vor, ausgeliehene Sachen ohne Aufforderung zurückzugeben, indem ich mir entsprechende Erinnerungen im Kalender setze)

O Aufhören, nur an sich selbst zu denken (Beispielziel: Ich nehme mir vor, ab sofort bei allem was ich tue auch immer versuche, die Belange anderer zu berücksichtigen, bzw. darauf Rücksicht zu nehmen)

O Aufhören mit dem übertriebenen Ehrgeiz (Beispielziel: Ich nehme mir vor, ab sofort eine Stufe runterzuschalten und somit an die Mitmenschen zu denken und auch an die eigene Gesundheit)

O Aufhören mit der permanenten Schadenfreude (Beispielziel: Ich nehme mir vor, mich ab sofort nicht mehr über das Unglück anderer zu freuen, bzw. es anderen zu zeigen)

O Aufhören, ohne Mitgefühl für die Nöte und Belange anderer durch das Leben zu gehen (Beispielziel: Ich nehme mir vor, auch den Standpunkt anderer einzunehmen, bevor ich etwas tue oder sage)

Happy
Wünsch Dir was

Prio (1-3)	Zieldefinition / Dokumentation Fortschritt	Ziel ist erreicht wenn/wann..	Start-datum	Kontrolle

ZIEL | **Zyklus**

Dokumentation | **Zielfortschritt**

ZIEL | **Zyklus**

Dokumentation | **Zielfortschritt**

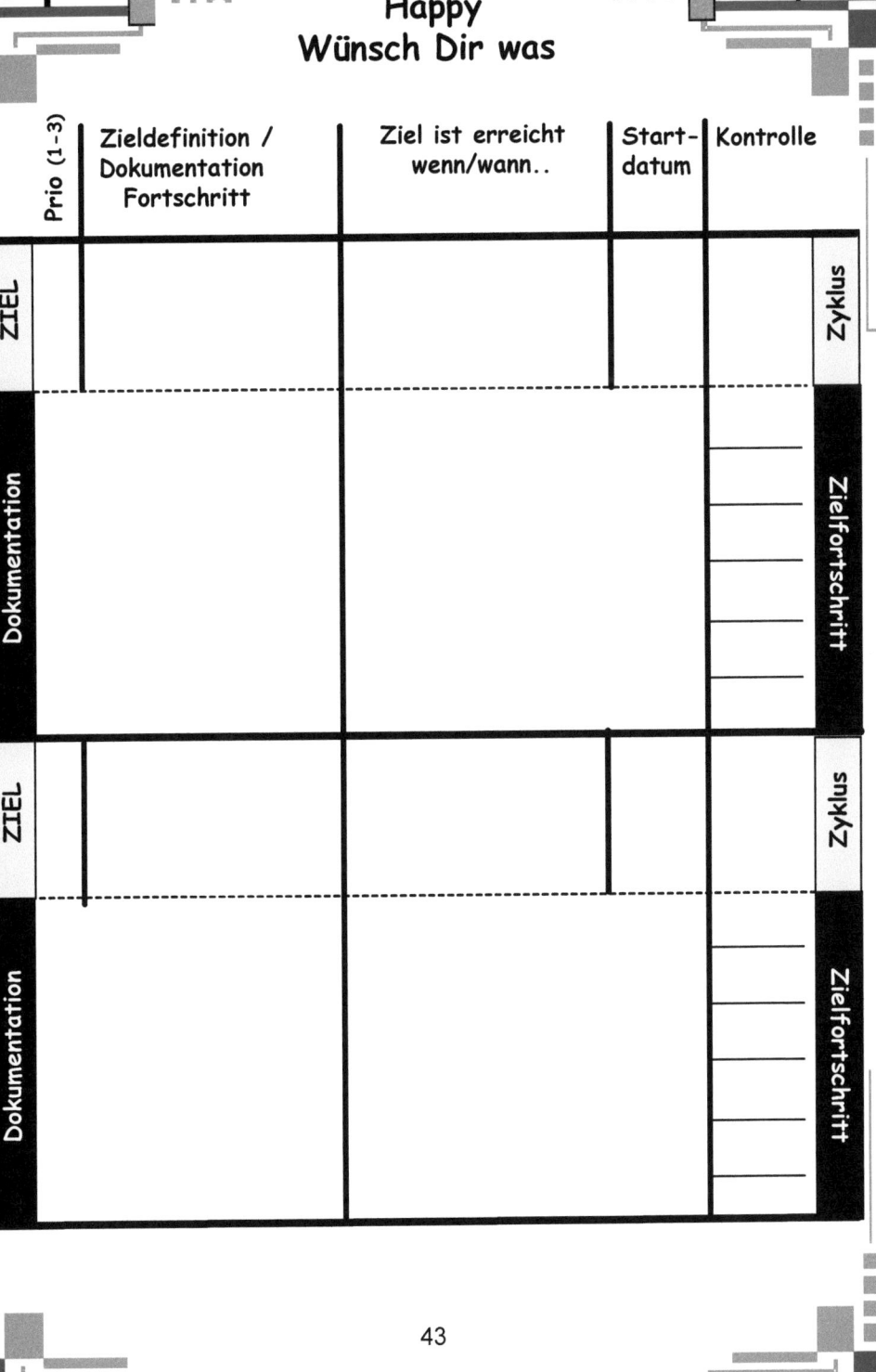

○ Aufhören mit der Selbstisolation (Beispielziel: Ich nehme mir vor, mehr Kontakt zu meinen Mitmenschen zu suchen und nicht darauf zu warten, dass ich angesprochen werde und ich mich auch nicht mehr in meiner Wohnung verkrieche)

○ Aufhören, zu gutmütig zu sein (Beispielziel: Ich nehme mir vor, nicht mehr so großzügig zu sein mit dem Unterstützen von anderen und nein zu sagen bei Themen, die ich nicht machen möchte, oder bei denen ich mich ausgenutzt fühle)

○ Aufhören mit dem Klauen (Beispielziel: Ich nehme mir vor, ab sofort nichts mehr im Laden oder von anderen zu klauen)

○ Aufhören zu betrügen (Beispielziel: Ich nehme mir vor, mich ab sofort ehrlich und verlässlich gegenüber anderen und Institutionen zu verhalten, und zu meiner Leistung und Können zu stehen (z.B. kein Schummeln mehr bei Prüfungen))

○ Aufhören, andauernd zu flunkern (Beispielziel: Ich nehme mir vor, meine Mitmenschen nicht mehr anzulügen und erkläre die Situation stattdessen sachlich)

○ Aufhören mit der Gutgläubigkeit (Beispielziel: Ich nehme mir vor, das Gesagte meiner Mitmenschen nicht gleich für bare Münze zu nehmen, sondern vielmehr mehr kritisch zu sein und Sachverhalte erst zu hinterfragen, bevor ich sie annehme)

○ Aufhören mit dem fiesen Verhalten anderen gegenüber (Beispielziel: Ich nehme mir vor, meine Unzufriedenheit nicht durch fieses Verhalten wie z.B. mobbing, lästern oder ärgern zu überdecken, sondern setze die Energie zur Ursachenfindung und -klärung meiner eigenen Unzufriedenheit ein)

○ Aufhören mit dem körperlichen Dominieren von anderen (Beispielziel: Ich nehme mir vor, Auseinandersetzungen und Konflikte nicht auf körperlicher Ebene, sondern mit Worten zu lösen)

Happy
Wünsch Dir was

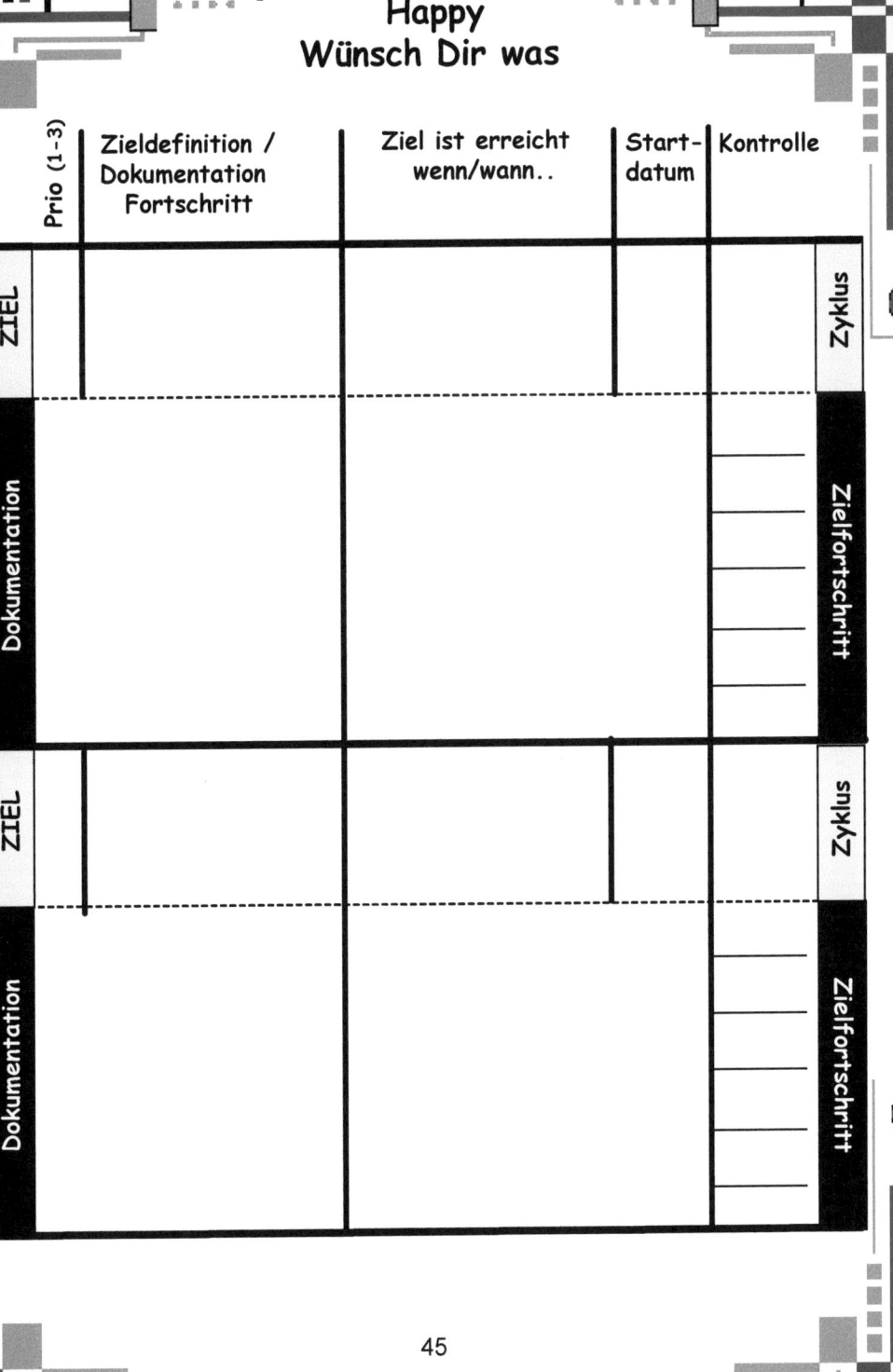

Prio (1-3)	Zieldefinition / Dokumentation Fortschritt	Ziel ist erreicht wenn/wann..	Start-datum	Kontrolle	
ZIEL					Zyklus
Dokumentation					Zielfortschritt
ZIEL					Zyklus
Dokumentation					Zielfortschritt

Happy
Wünsch Dir was

○ Aufhören mit dem Klatsch und Tratsch und dem Verraten von Geheimnissen anderer (Beispielziel: Ich nehme mir vor, mich mit meiner Meinung über andere zurückzuhalten, keine Gerüchte mehr zu verbreiten und Dinge die mir im Vertrauen gesagt wurden, auch für mich zu behalten)

○ Aufhören mit der permanenten Sturheit (Beispielziel: Ich nehme mir vor, zu versuchen die Sichtweisen anderer zu verstehen, nicht von vorn herein zu verurteilen, und meinen eigenen Standpunkt mehrfach in einem Gespräch auf Richtigkeit und Angemessenheit zu überprüfen und ggfs. zu ändern)

○ Aufhören, sich an Intrigen zu beteiligen (Beispielziel: Ich nehme mir vor, mich aus Gemeinheiten anderer gegenüber komplett rauszuhalten, und mich neutral zu verhalten)

○ Aufhören, mit der Angewohnheit mit anderen Frauen immer zusammen auf die Toilette zu gehen (Beispielziel: Ich nehme mir vor, nicht zusammen mit den Freundinnen zum Quatschen auf die Toilette zu gehen)

○ Aufhören, sich immer genervt den anderen gegenüber zu zeigen (Beispielziel: Ich nehme mir vor, meine aktuelle Gefühlswelt nicht anderen gegenüber ungefiltert zu zeigen, sondern im Verhalten, und in der Kommunikation in jedem Fall die Form zu wahren und sachlich zu bleiben)

○ Aufhören, andere zu verpetzen und zu verraten (Beispielziel: Ich nehme vor, Geheimnisse die mir entweder im Vertrauen gesagt wurden oder welche ich durch Zufall erfahren habe, nicht geradewegs an andere weiterzugeben, sondern für mich zu behalten)

○ Aufhören mit den komischen Trink- und Essgeräuschen (Beispielziel: Ich nehme mir vor, darauf zu achten, mit geschlossenen Mund zu kauen, und Schmatz- und Schlürfgeräusche zu vermeiden)

○ Aufhören mit der Besserwisserei (Beispielziel: Ich nehme mir vor, nicht andauernd meine Mitmenschen korrigieren zu wollen, und mich bewusst zurückzunehmen)

Happy
Wünsch Dir was

Prio (1-3)	Zieldefinition / Dokumentation Fortschritt	Ziel ist erreicht wenn/wann..	Start-datum	Kontrolle

ZIEL · Zyklus

Dokumentation · Zielfortschritt

ZIEL · Zyklus

Dokumentation · Zielfortschritt

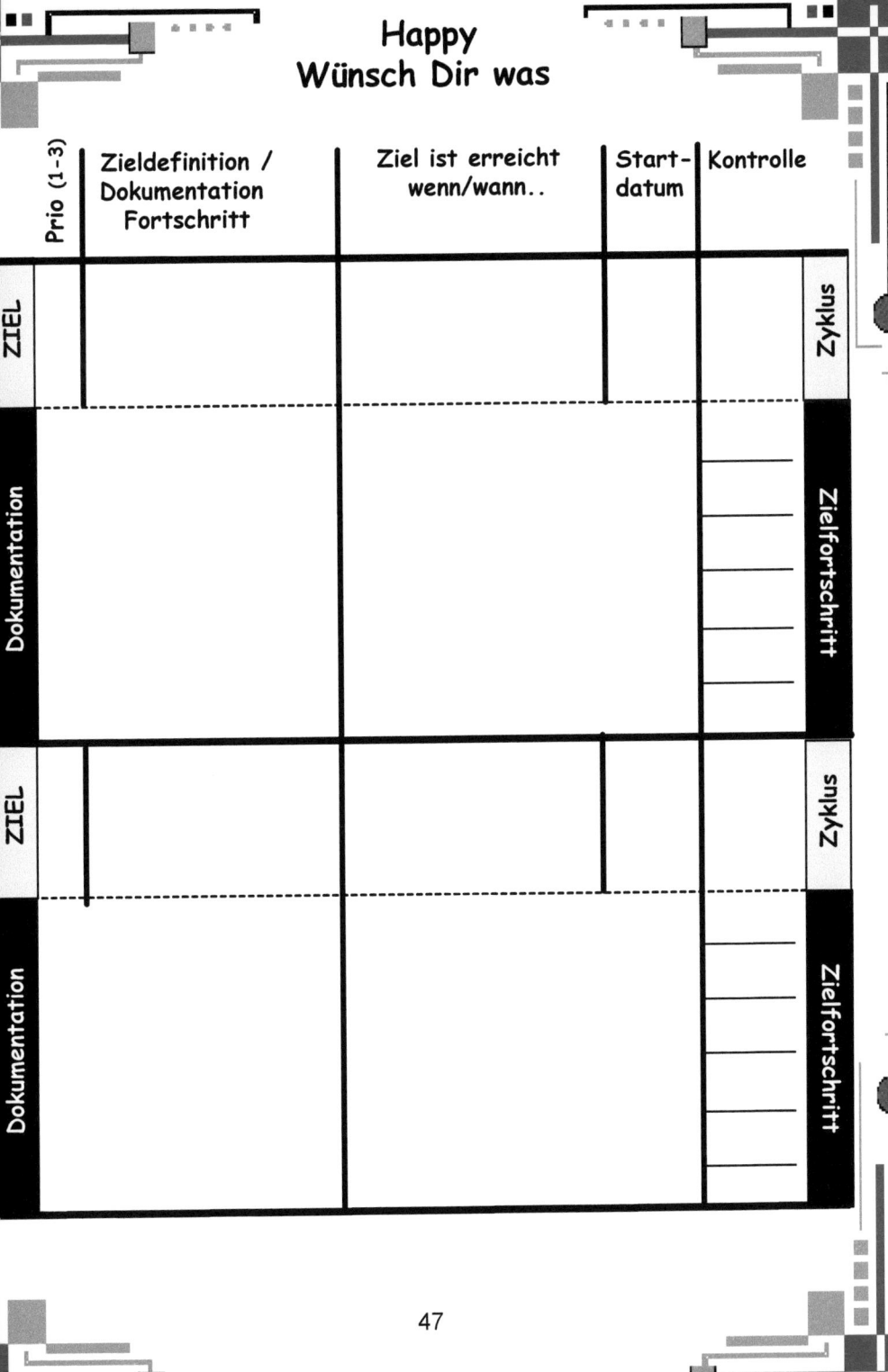

Happy
Wünsch Dir was

○ Aufhören, Versprechen nicht zu halten (Beispielziel: Ich nehme mir vor, nur anderen etwas zu versprechen wenn ich es auch wirklich halten kann, bzw. dazu stehen kann)

○ Aufhören, ein schlechter Beifahrer zu sein (Beispielziel: Ich nehme mir vor, dem Fahrer bzw. der Fahrerin nicht andauernd reinzureden, oder Vorwürfe zu machen, oder korrigieren zu wollen, oder unerwünschte Instruktionen zu geben)

○ Aufhören, bei notwendiger Hilfe wegzuschauen (Beispielziel: Ich nehme mir vor, bei Problemen von anderer nicht einfach wegzuschauen, sondern überlege wie ich helfen kann, soweit es für mich möglich ist)

○ Aufhören, die Augen vor dem Unglück anderer zu verschließen (Beispielziel: Ich nehme mir vor, mich auch auf unangenehme Gespräche einzulassen, und versuche mit positiven und konstruktiven Beiträgen zu helfen)

○ Aufhören, die Machtposition auszunutzen (Beispielziel: Ich nehme mir vor, meine Machtposition nicht zur Unterdrückung zu nutzen, und die Ansicht und Meinung der anderen zu akzeptieren, auch wenn diese unangenehm für mich sind)

○ Aufhören, unfair zu sein (Beispielziel: Ich nehme mir vor, zu meinen Unzulänglichkeiten oder auch Unglücklichsein zu stehen, und dies nicht durch unfaires Verhalten anderen gegenüber zu kompensieren)

○ Aufhören, immer gewinnen zu müssen (Beispielziel: Ich nehme mir vor, nicht als Ziel immer 100% aller Angelegenheiten zu meinem Vorteil lösen zu müssen, sondern akzeptiere auch einen Wert von 80%)

○ Aufhören, das Handtuch nach dem Duschen einfach auf den Boden fallen zu lassen (Beispielziel: Ich nehme mir vor, mich daran zu erinnern, nach dem Abtrocknen das Handtuch wieder aufzuhängen)

Happy
Wünsch Dir was

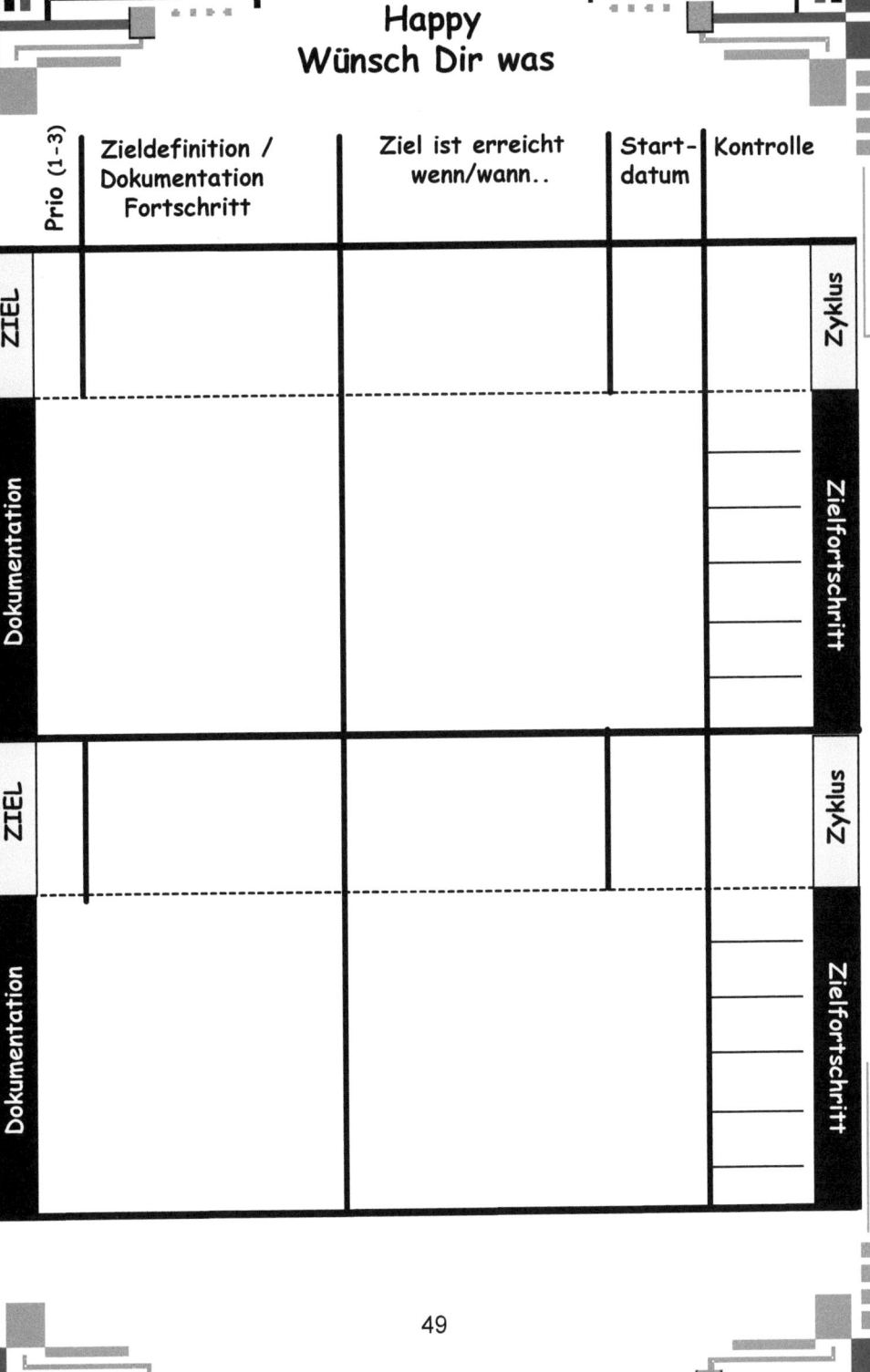

Prio (1-3)	Zieldefinition / Dokumentation Fortschritt	Ziel ist erreicht wenn/wann..	Start-datum	Kontrolle	
ZIEL					Zyklus
Dokumentation					Zielfortschritt
ZIEL					Zyklus
Dokumentation					Zielfortschritt

8.   Lernen und Fortbildung

○ Aufhören, sich mit fehlenden Wissen oder Fähigkeiten zufrieden zu geben (Beispielziel: Ich nehme mir vor, mich innerhalb der kommenden zwei Wochen in einen entsprechenden Fortbildungskurs einzuschreiben)

○ Aufhören, nur davon zu träumen einen guten Schul- oder Studienabschluss zu schaffen (Beispielziel: Ich nehme mir vor, jeden Tag mindestens 2-3 Stunden Zeit für das Lernen einzuplanen)

○ Aufhören, sich immer nur über die fehlende Bildung zu beklagen (Beispielziel: Ich nehme mir vor, zwei Tage der Woche und bis zu 500€ pro Jahr in entsprechende Aus- und Weiterbildungslehrgänge zu investieren)

○ Aufhören, sich nur den Führerschein zu wünschen (Beispielziel: Ich nehme mir vor, mich gleich kommenden Montag bei einer Fahrschule anzumelden)

○ Aufhören, keine Verantwortung zu übernehmen (Beispielziel: Ich nehme mir vor, z.B. ab sofort für mein Handeln gerade zu stehen, und die Schuld nicht auf andere zu schieben)

Happy
Wünsch Dir was

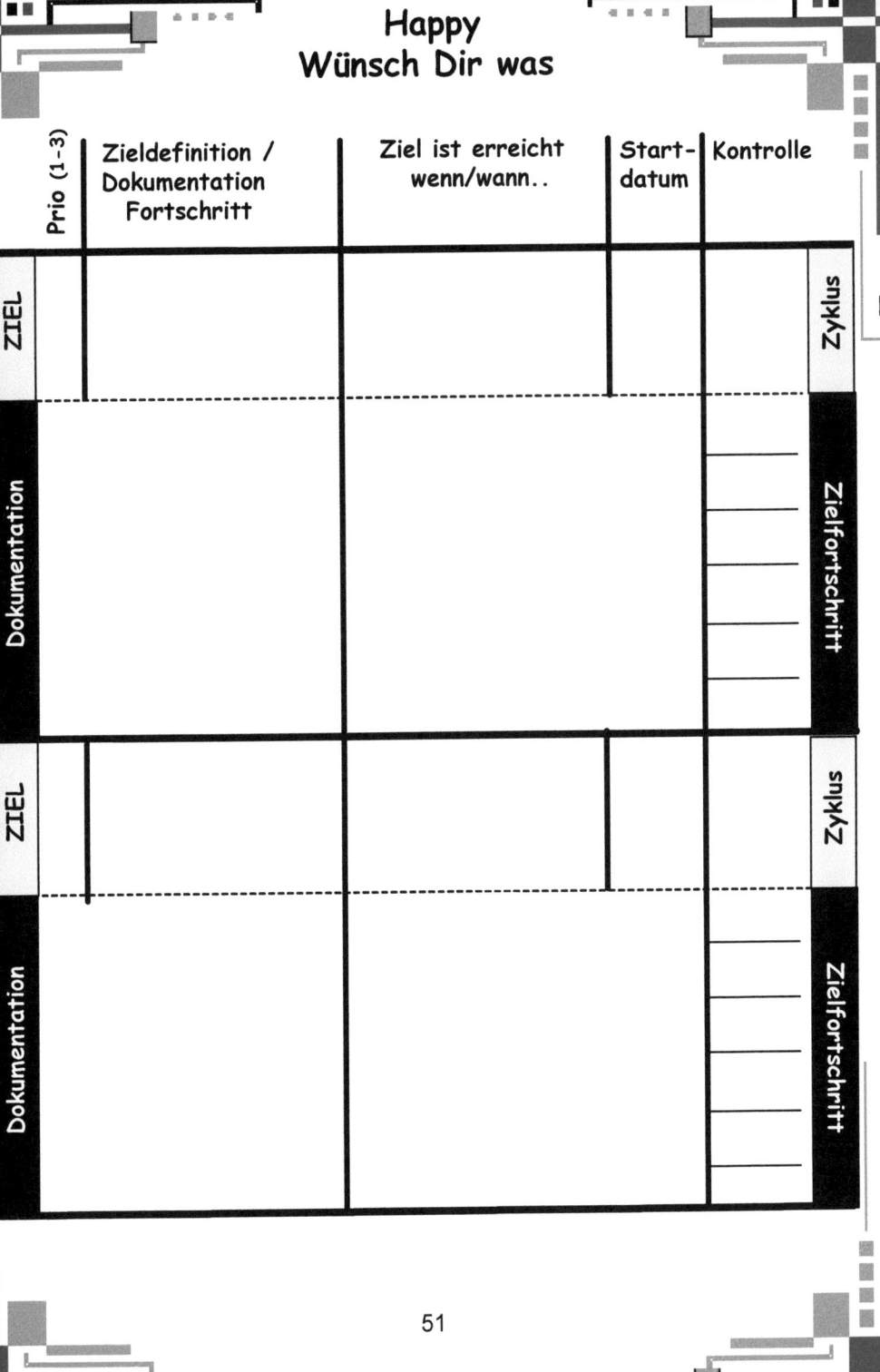

Prio (1-3)	Zieldefinition / Dokumentation Fortschritt	Ziel ist erreicht wenn/wann..	Start-datum	Kontrolle	
ZIEL					Zyklus
Dokumentation					Zielfortschritt
ZIEL					Zyklus
Dokumentation					Zielfortschritt

9. Familie, Freunde, Freizeit

○ Aufhören, Niederlagen im Sport als gegeben hinzunehmen (Beispielziel: Ich nehme mir vor, doppelt so hart wie bisher an meinen Schwächen zu arbeiten und suche mir einen Trainer, der mich hierbei unterstützen kann)

○ Aufhören, den Frust im Beruf an der Familie auszulassen (Beispielziel: Ich nehme mir vor, meine Probleme im Beruf mit dem Partner/der Partnerin oder einem guten Freund zu besprechen, um Lösungen zu finden)

○ Aufhören, sich nur das Klassentreffen zu wünschen (Beispielziel: Ich nehme mir vor, sofort damit zu beginnen ein Klassentreffen zu organisieren, und spätestens in einem Monat damit fertig zu sein)

○ Aufhören, das Treffen mit den Freunden immer zu verschieben (Beispielziel: Ich nehme mir vor, feste Zeiten zum Freundetreffen festzulegen und einzuhalten, z.B. immer Mittwoch und Samstag nachmittags)

○ Aufhören, das ganze Wochenende nur in der Wohnung zu hocken (Beispielziel: Ich nehme mir vor, mindestens jedes zweite Wochenende einen großen Spaziergang im Wald zu machen, oder Sport zu machen)

Happy
Wünsch Dir was

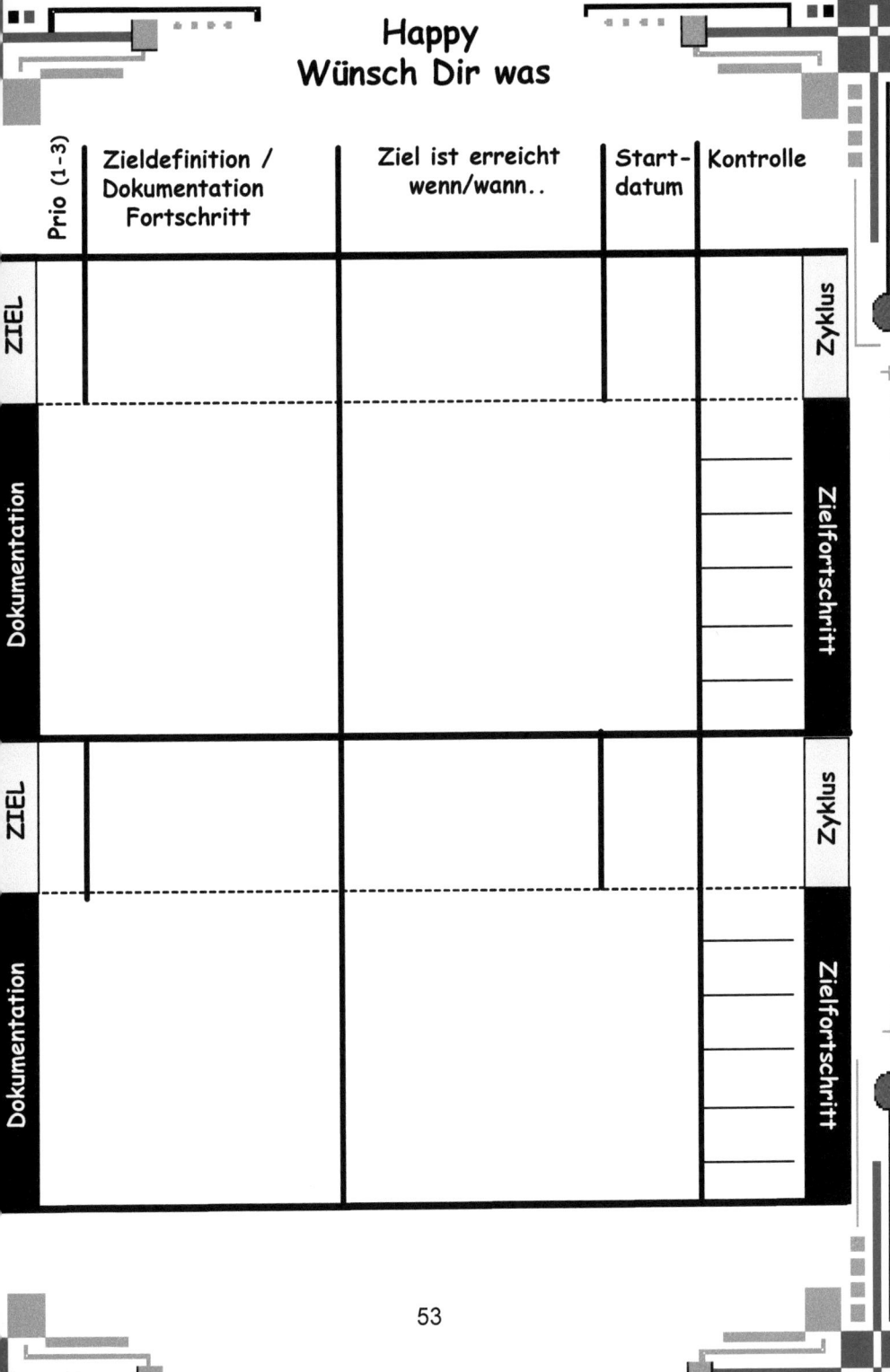

Prio (1-3)	Zieldefinition / Dokumentation Fortschritt	Ziel ist erreicht wenn/wann..	Start-datum	Kontrolle	
ZIEL					Zyklus
Dokumentation					Zielfortschritt
ZIEL					Zyklus
Dokumentation					Zielfortschritt

10. Macken

○ Aufhören mit diesem übertriebenen Putzfimmel bzw. extremer Ordnungssucht (Beispielziel: Ich nehme mir vor, ab sofort nur jeden zweiten Tag zu putzen, und aufzuräumen)

○ Aufhören mit dem andauernden Spucken (Beispielziel: Ich nehme mir vor, ab sofort das Bedürfnis zu spucken, komplett zu unterdrücken, und stattdessen zu schlucken)

○ Aufhören, auf Stiften rumzukauen (Beispielziel: Ich nehme mir vor, nicht mehr auf Stiften rumzukauen und stattdessen z.B. einen Kaugummi zu nehmen)

○ Aufhören, permanent nervös auf dem Tisch rumzutrommeln (Beispielziel: Ich nehme mir vor, mich ab sofort besser unter Kontrolle zu haben und achte ganz bewusst darauf, mit dem nervösen Trommeln der Finger auf dem Tisch aufzuhören)

○ Aufhören, immer alles vollzukritzeln (Beispielziel: Ich nehme mir vor, ab sofort nicht mehr gedankenverloren alles vollzukritzeln, insbesondere während Gesprächen, Kursen etc.)

○ Aufhören, immer wieder Selbstgespräche zu führen (Beispielziel: Ich nehme mir vor, ab sofort statt Selbstgespräche zu führen, den Gesprächsinhalt aufzuschreiben, und eine Lösung zu überlegen)

○ Aufhören mit dem Kratzen (Beispielziel: Ich nehme mir vor, mich nicht mehr aus Verlegenheit oder Langweile zu kratzen, und stattdessen z.B. die Hände zu falten)

○ Aufhören den Fernseher anzuschreien (z.B. bei Fußball schauen) (Beispielziel: Ich nehme mir vor, mich gesittet beim Fernsehen zu verhalten, und nicht z.B. durch Anschreien des Fernsehers meine Mitmenschen zu stören)

Happy
Wünsch Dir was

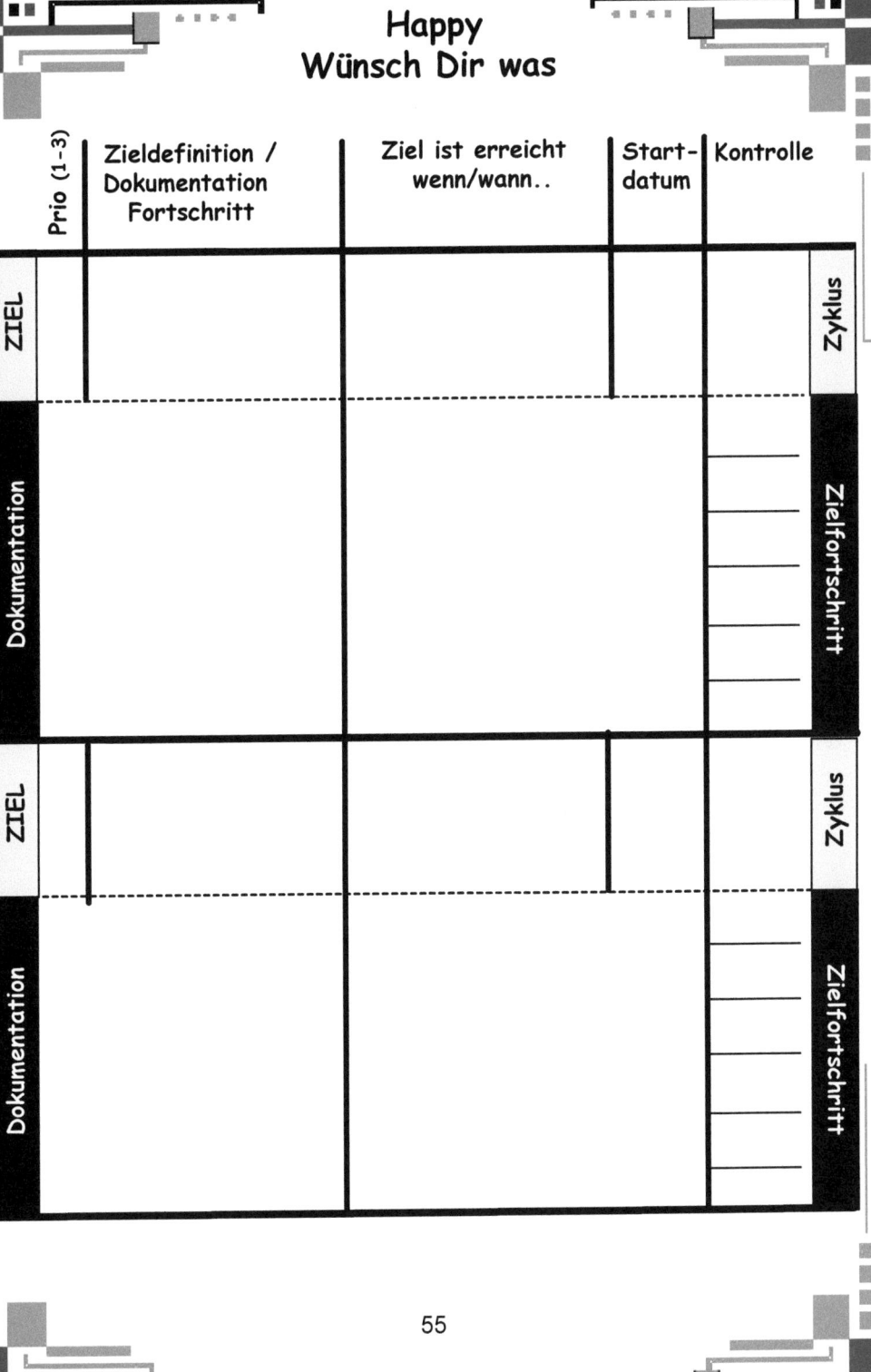

Prio (1-3)	Zieldefinition / Dokumentation Fortschritt	Ziel ist erreicht wenn/wann..	Start-datum	Kontrolle	
ZIEL					Zyklus
Dokumentation					Zielfortschritt
ZIEL					Zyklus
Dokumentation					Zielfortschritt

11. Sonstiges

○ Aufhören, Niederlagen nur als negativ zu betrachten (Beispielziel: Ich nehme mir vor, Niederlagen die ich erleide nicht als negativ zu bewerten, sondern als wichtige Chance, um daraus zu lernen, und sich dadurch weiterentwickeln zu können)

○ Aufhören, unangenehmen Situationen auszuweichen (Beispielziel: Ich nehme mir vor, unangenehmen Situationen nicht auszuweichen, sondern sie direkt anzugehen um aus der Begegnung heraus lernen, und persönlich wachsen zu können)

○ Aufhören, Dinge nicht wegzuschmeißen (Beispielziel: Ich nehme mir vor, Sachen die ich nicht mehr brauche oder mit hoher Wahrscheinlichkeit innerhalb der nächsten drei Jahre nicht brauchen werde, konsequent wegzuschmeißen)

○ Aufhören, den Keller mit Sachen die nicht mehr gebraucht werden, voll zu stopfen (Beispielziel: Ich nehme mir vor, an den kommenden drei Wochenenden, den Keller vollständig zu entrümpeln)

○ Aufhören, den Fernseher laufen zu lassen, auch wenn man nicht schaut (Beispielziel: Ich nehme mir vor, den Fernseher auszumachen, wenn ich nicht fernsehen kann oder möchte)

○ Aufhören, mit dem ängstlichen und schüchternen Verhalten (Beispielziel: Ich nehme mir vor, selbstbewusst meinen Standpunkt zu vertreten und nicht bei jeder kleinsten Kritik klein beizugeben, oder mich umstimmen zu lassen)

○ Aufhören, immer nur das Nötigste zu machen (Beispielziel: Ich nehme mir vor, bei allem was ich tue etwas mehr zu machen, als es notwendig wäre)

Happy
Wünsch Dir was

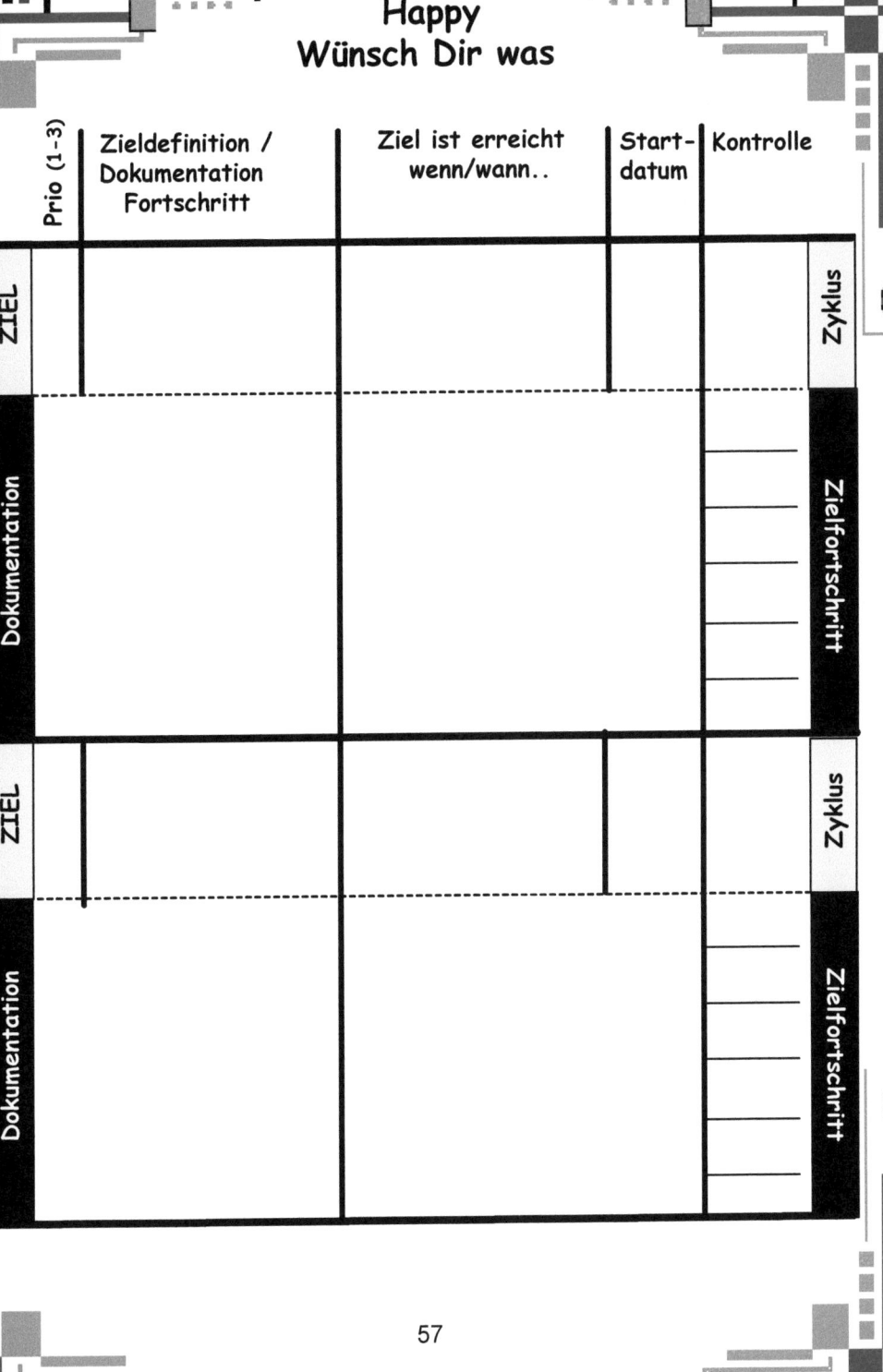

Prio (1-3)	Zieldefinition / Dokumentation Fortschritt	Ziel ist erreicht wenn/wann..	Start-datum	Kontrolle	
ZIEL					Zyklus
Dokumentation					Zielfortschritt
ZIEL					Zyklus
Dokumentation					Zielfortschritt

Bücher und Spiele von Theo von Taane

Rubrik: Bücher

- Tennis Witze Knallbonbons   ISBN: 9783732296490
- Witze rund um Volleyball   ISBN: 9783734731801
- Witze rund um Basketball   ISBN: 9783734703824
- Witze rund ums Schwimmen   ISBN: 9783734734460
- Witze rund um Schach   ISBN: 9783734731658
- Witze rund um Tischtennis   ISBN: 9783734731648
- Witze rund um Eishockey   ISBN: 9783734730716
- Witze rund ums Fechten   ISBN: 9783734731976
- Witze rund um Handball   ISBN: 9783734731690
- Witze rund um Badminton   ISBN: 9783734732875
- Witze rund um Karate   ISBN: 9783734731666
- Witze rund um Judo   ISBN: 9783734731674
- Witze rund um Golf   ISBN: 9783734731704
- Witze rund um Fußball   ISBN: 9783734731712
- Witze rund ums Boxen   ISBN: 9783734731720
- „Je öfter man drückt, desto schneller kommt der Fahrstuhl!"   ISBN: 9783735785794

Rubrik: Spiele

„Die spannende Geschenkejagd!"
Für 2 – 4 Spieler; Alter: 6 – 99
Jahre
ISBN: 9783734740466

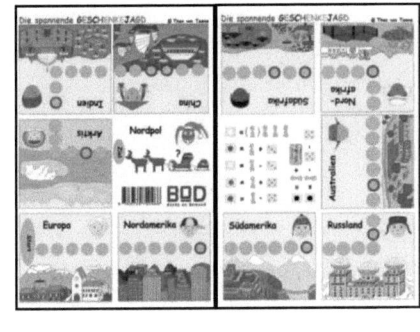

Kurzbeschreibung
Der Download Bestseller nun im praktischen Spielbuch Format!

Der Weihnachtsmann ist in Rente gegangen und der Osterhase hat seinen Job mit übernommen. Doch der Stress war zu viel; weltweite Geschenke Verteilung zu Weihnachten, das Ganze noch mal zu Ostern und immer alle Wünsche richtig merken! Das haut den stärksten Hasen um!
Jetzt ist erst einmal Urlaub angesagt, doch wer übernimmt in dieser Zeit den Job vom 'Weihnachtshasen' ?
Es muss ein Vertreter her, doch nicht irgendeiner. Nur der Beste kann es sein. Bis zu vier Spieler können an diesem Geschenkejagd-Wettstreit teilnehmen. Bist du gut genug?

Alter: 6-99 Spielerzahl: 2-4 Spieler

Spielinhalt (im Spielebuch enthalten):
1 farbiges und laminiertes Spielfeld (Vor- und Rückcover des Buchs, verbunden über eine Spiralbindung zum Aufklappen!),
50 farbige Geschenkkarten und 4 farbige Wunschlistenspielfelder

Du brauchst noch:
4 Standard Spielfiguren
1 Würfel

„Je öfter man drückt, desto schneller kommt der Fahrstuhl!"
ISBN: 9783735785794

Untertagewerk – Das Leben ist hart, bisher hat es noch keiner überlebt!

Auf dem Friedhof

Friedhofsverwaltung

Trauerweide

Eingangsbereich
Abnippler
Zombies
Scheintote

Grabpflege
Gruftis
Grabschänder

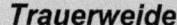

Krematorium-Brennanlage
 Höllenhund

Rekrutierung
Totschwätzer
Seelenfänger
Dr. Frankenstein

„Nein, ich kann Ihnen nicht den Weg zum Schnitzelfriedhof beschreiben, und ich glaube auch nicht, dass Sie dort das Grab von Schweinchen Dick finden werden."

Abgesang
Friedhofsjodler

☎ **Kundenservice**
Quälgeister
Griesgrame
Giftzwerge
Schreckgespenster

Restaurant
Igor der Bückling
Giftmischer
Satansbraten
Ausgeburten der Hölle
Leichenschänder

© Theo von Taane

Altenheim
Friedhofsdeserteure
Grottenolme
Gewitterhexen
Vampire

Kasse
Geisterbahnschaffner
Geizknochen

Lieferservice
Geisterfahrer
Plagegeister